子どもの心が見えてきた

学びの物語で保育は変わる

Learning Story

福島大学附属幼稚園
大宮勇雄・白石昌子・原野明子

ひとなる書房

刊行によせて

人としての成長と深く関わる「遊び」と「学び」

福島大学 学長　入戸野　修

「内側にある能力を引き出す」ことが「教育」の原義だと言われる。私の専門は「物質科学」で、物質の成り立ちからその成長するまでを取り扱うので、私自身は物質を相手に教育をしていると思っている。なぜなら、物質との関わり方は、一人ひとりを育て上げていく教育過程と極めて類似しているからである。物質には特有の性質が備わっており、その性質が人の役に立つ形で使われるように研究者が育てることで、材料としての活躍の場を与えられ、時として新素材として時代の脚光を浴びることになるのである。

個々の物質が有している性質を、上手に磨き上げ改良を加え、他に類の無い最高級のものに仕上げるのには、その物質が置かれている時期および環境での適切な対応が必要である。そんな教育研究体験から、私は、「人は幼児過程から成長して大人になるが、それぞれの時期に学んでこそ効率よく学べることがある」と信じている。

学びの究極の目標は、私はバランスのとれた教養人になることではないかと思っている。ここでの教養人とは、継承性と挑戦性を包含した「知識」、行動基盤となる「技（技術・技能）」、そして志と情熱に基づいた「和の心」を三位一体として学習し身に付け、それらを「感性」（高次情報処理能力）との関わりで上手に活用できる人間である。感性（対応国際語kansei）は、理性や知性と異なり、感性の大半の活動過程は無自覚・無意識のうちに起こる脳内活動であると言われる。後天的に体得した知識や理性がいたずらに抑制されない時期という点からは、青年期よりは幼児期に感性の基盤的要素が効果的に創生されると言える。幼児期の「遊び」と「学び」は密接に関係している。したがって、文字を読める、あるいは文字が書けることに学園生活の重点を置くより、いろいろな場面での遊びを通じて、多くの対象を直感的かつ統合的にとらえ、美しい・奇麗だ・いいなあ……と感じる体験を重視する生活の方が、感性を豊かに育てるためには、自然態であり合理的であると言える。

本書の中でも述べているように、私たちはさまざまな環境の中で十分に遊び込むことで、対象に直接に向かって判断し、それをもとに表現したり創造したりする力を身につけていくことができる。とくに、幼児期には、子どもたちが自分を取り巻く親・先生・友達と豊かな交流を持ち、心を通わすことを通じて感性を育てることが重要である。そのことが、結局は質の高い青年期の大人として、社会人として成長するための要素、つまり協調性・人間力・市民性などの涵養につながるのではないだろうか。その意味でも、学びの連続性は、幼児期から始まり、青年期、そして壮年期の生涯学習にも連続していると言えよう。

もくじ　子どもの心が見えてきた――学びの物語で保育は変わる

第1章　子どもの見方が変わると保育が変わる……35

装幀　山田道弘
装画　おのでらえいこ

本文中のすべての子どもたちの名前及び副園長を除く職員名はすべて仮名です。

序章

幼児期に大切な「学び」とは何か

1 「学びの物語」との出会い

1）「学びの連続性」を研究し続けていくなかで

私たち福島大学附属幼稚園ではこれまで「幼児の遊びを考える」や「学びの連続性を考える」ということをテーマに研究をしていました。

具体的には、小学校とのつながりを意識しながら、幼児の遊びの中にはどんな学びがあるのかを領域ごとに教科との関連で洗い出していきました。たとえば、言葉の領域と国語、自分の気持ちを先生に伝えることができているかどうか、などを行動から細かく分析していくなどの作業を繰り返していました。また、教育目標に照らし合わせ、一つひとつの遊びにどの教育目標が含まれているのかを、幼児の行動を記録し分析したり、遊びの記録を細かくとって分析していく研究をしていました。

難しいなあ　でもがんばるぞ！

しかし、深い子ども理解を求め細分化して研究を進めていくほど、皮肉なことにかえって幼児の姿が捉えにくくなってしまったり、保育中も計画に追われるようになってきてしまうという面も生まれていました。「この活動の後にはあの活動があるから、幼児が育つはずだ」「これを経験しなければ次期の姿にはならないから……」とカリキュラム（指導計画）が緻密《ちみつ》になっていくにともない、本来目の前の子ども中心の保育をめざしてしていたはずなのに、いつの間にかカリキュラムそのものをこなすための保育になっていたという悩みも抱えていました。保育者のかかわりは遊びを発展させていくための援助が中心でしたが、ややもすると、目の前の子どもの姿を見てもその年齢にふさわしいとされる発達の姿に当てはめていくようになり、一人ひとりの育ちではなくクラス全体の到達度をおもに評価するようになっていたのです。

　ただ、日々の話し合いのなかでは、子どものエピソードはたくさん出ていました。子どもの言葉に感動したエピソード、一つのことにあきらめずに取り組んでいる子のエピソード、担任の思い通りにならずに困っている子のエピソード……など、子どもたちが帰ったあとの職員室ではいつも語られていましたし、遊びをどう広げていくかについてもみんなでアイディアを出し合い、それはそれで充実した日々でした。

　しかし、今思い返してみると子どもたちの行動をプラス思考で読み取るよりも、マイナス思考で見ていたようにも思います。「これができない」「ここが悪い」という評価は子どもたちだけでなく、やがては親や保育者自身も責めるようになってしまい、保育することがだんだん辛くなっていたことも事実でした。

子どもたちとの関係においても、遊びを育てようとする気持ちばかりが先走り、言葉かけや援助も先走ってしまい、結果として子どもたちの気持ちとかけ離れていくのが保育者自身わかり辛くなることもありました。

こうした状況がつづき、「幼児期の学び」にたいして、ほんとうにどう考えていったらよいかわからなくなり行き詰まっていたころ、タイミングよく大学との協同研究の話が持ち上がり、幼児教育専攻の大宮勇雄先生から紹介されたニュージーランドのテ・ファリキを原理とする「学びの物語」を知りました。

2）最初はとまどいの連続だったが……

はじめて大宮先生からテ・ファリキやレッジョ・エミリアの保育についての話を聞いたとき、職員全員とても衝撃的だったことを今でもはっきりと覚えています。それまで指導計画を重視して保育を進めてきた私たちにとって、保育中のエピソードから子どもを見取ることなどは考えもしませんでした（後で考えてみるとそれまで職員室で交わされていた子どもの様子や出来事についての会話が「学びの物語」だったのですが……）。「学びの物語」は日常の些細《ささい》な出来事のなかでの幼児の育ちを取り上げます。まずそのことに驚くとともに、「自分の保育の中ではこんな姿はあるのだろうか？」と不安にもなりました。

そして、実際に「どんな姿を記録にとるのか」という話になったのですが、討議し悩んだ末に、とりあえずは「気になる子」の遊びの様子を記録してみようということになりました。何が気になるのかは担任それぞれにまかされ、結果としては「友だちとうまくかかわれない子」「自分で遊べない子」というように保育者にはともすると否定的に見える子から選ばれました。

中は　どうなってるの？

さて、「（それらの子の）遊びの様子を見てみよう」ということで取りはじめたのですが、当初は遊びの何を記録すればいいのかがわからず、書きやすいこともあり、とりあえずは保育者から見て目についた困った行動を記録することから始めました。しかし、記録を取りみんなで話し合うこと（意見交換）を続けていくことにより、記録者自身がしだいに「自分がなぜそう思ったのか？」「その時この子はどんな気持ちだったのか？」と考えるようになっていきました。

また、他の保育者や大学の先生の意見を聞くなかで、「そういう考え方もあったのか……」と目から鱗《うろこ》が落ちるような思いがしたり、自分の保育の癖が見えてきたりもしました。

何よりも今までと違ったことは、「学びの物語」の記録法の特徴でもある、「次はどうする?」という視点で保育を考えられるようになったことです。「困った」「誰が悪い」を言っていても何も変わらないことがわかり、つねに保育の次の手立てはどうしたらよいのだろうかと考えるようになりました。それは今までのカリキュラム(指導計画)主体の保育では収まらない新たな発見でした。

3) 子どもへのまなざしが変わるなかで

とはいえ、長い間、指導計画や行事に合わせて保育をしてきた私たちにとっては、保育の重点を変えることはなかなかむずかしく、いままでやってきたことをやめることはとても勇気が必要とされ、実際は不安いっぱいでした。そんな時、「学びの物語」の話し合いをすると、小さな成長が大きな一歩に思えたり、「今度はこんなことをしてみよう」「こんなことができたらいいね」と保育の夢につながっていきました。まだまだ実現できたことは少ないのですが、そう考えていこうと思えるようになったことは私たちにとって一番の収穫ではないかと思っています。

私たちの子どもへの見方が変わると接し方も変わってきました。今までは「お店屋さんごっこ」とか「宇宙船ごっこ」などという遊びとしてわかりやすいものをどう援助すべきかと保育をしてきましたが、最近では「おっぱいグッパイ星人のたまご探し」(幼児の想像した物語、おっぱいグッパイ星人の卵が園庭のどこかにあるということで、四〜五人がスクーターに乗って探し回っていた。そして、築山に見つけた大きな石が土に埋まっている〝現場！〟を掘り出すために子どもなりにさまざまな工夫をしていた）などというじつにおかしな遊びでも笑って子どもたちの楽しんでいる姿から学びを見つけられるようになってきました。どんな遊びにも意味があり、子どもが興味を持ってやっていると思えるようになってきたのです。

2 幼児期に育てたい学びとは何か

1）子どもは有能な学習者

言うまでもないことですが、子どもたちは日々の生活のなかで、まわりの環境からさまざまなことを吸収しています。また、子どもたちとつきあうなかではだれもが感じることですが、時として子どもたち自身の環境への働きかけ方やつぶやきなどにとても驚くことがあります。

こうやってとるんだよ

私たち保育者は、子どものできないことに注目するのでなく、子どもの有能さに目を向けていくことにより、私たち自身も予想できなかった子どもたちのさまざまな変容を見ることがあります。私たちの園でもこんなことがありました。いくつかその事例を紹介してみましょう。

年少もも組のある男の子が、初めて園庭の池でおたまじゃくしを捕まえた日、母親から見たわが子の様子が連絡帳にこんなふうに書かれてあったのです。

■記録1　年少もも組「おかおは、やわらかかったの」　記録者：保護者

ＧＷ明けから「みどり組さんってすごいんだよ」など、なぜか苦手なはずだったみどり組（年中）さんの話題が多く、何の心境か……と思っていました。おたまじゃくしの件がうらやましかったんですね。本人からは「やりたい」とははじめは言わなかったものの、じつに詳しくおたまじゃくしのすくい方や使っている道具について生きいきと熱弁。すごく興味があってやってみたくて、でも自分はみどり組でないから……、と思うと「やりたい」とは言えなかったようです。「やりたいのなら、先生に言ってみるといいよ」と伝え、お話しさせていただきました。

初めての今日、家では、「おたまじゃくしのしっぽは、かたかったの。おかおは、やわらかかったの」と教えてくれました。帰りに玄関から出てくる時に見せたちょっと得意げな表情が今までで一番輝いていた表情でした。

人見知りで「緊張するタイプ」で心配もありましたが、彼なりに楽しみを見つけて私が思っていた以上にがんばっている印象です。

子どもたちは、さまざまな環境の中で、考えよう・調べよう・協力しようとしています。教師の「見取り」だけでなく、生活が連続している家庭でも、保護者の方々がわが子の様子を興味深く見取り、よりよい成長を願っている姿もうかがえます。幼稚園でも家庭でも子どもの学びは連続しているのです。もう一つ紹介しましょう。

■記録2　年中みどり組「ピタゴラスイッチ」　記録者：齋藤　和代

年中組では、いまピタゴラスイッチが大流行。昨年度からピタゴラスイッチごっこ（?）のようなことを楽しんでいましたが、年中組になってから先生がピタゴラスイッチの絵本を準備したり、たくさんのビー玉やレールになりそうなものを準備したりすることにより、さまざまな工夫が見られるようになってきました。

自分たちでもっとおもしろくしたいといろいろ考えています。Bブロック（断面がアルファ

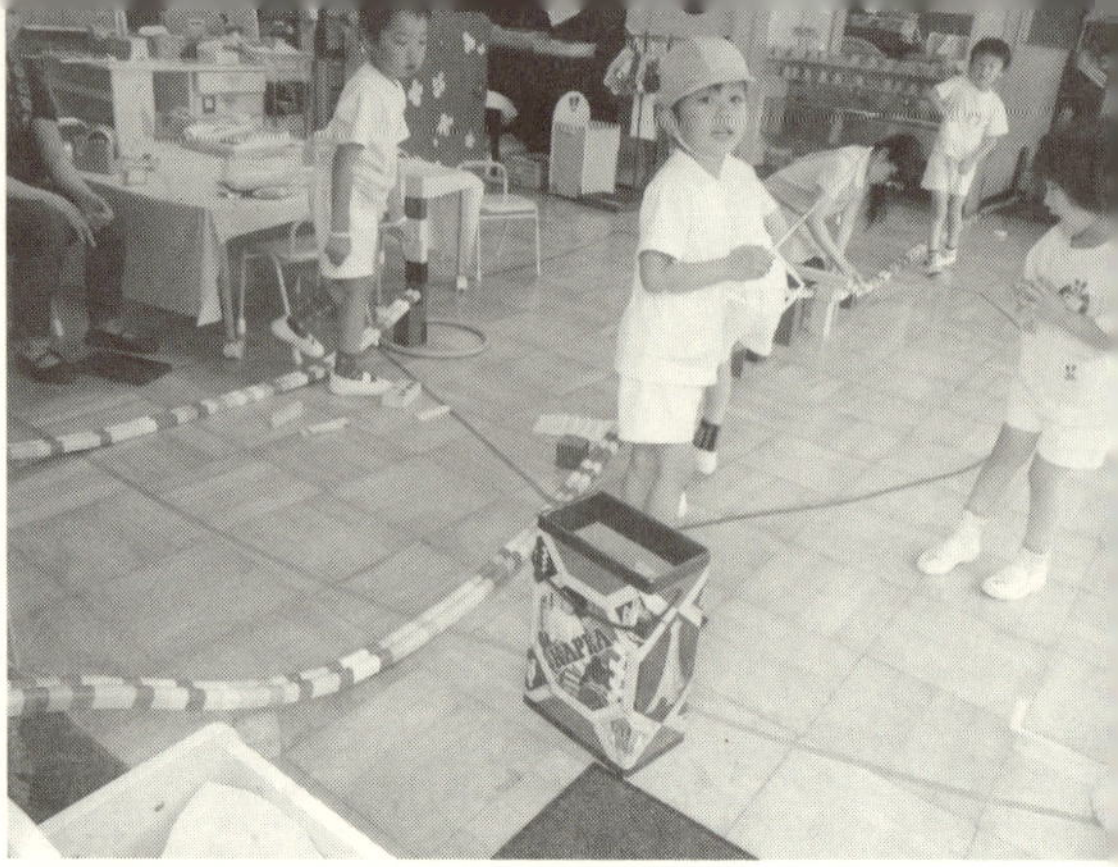

こんなに長いピタゴラスイッチ

ベットのBの形をしたブロック）をレールにしてからは、高さを自由に調節できるようになり、複雑な実験装置（?）になっていきました。速く転がすにはどうするか、途中に置いたビー玉にぶつけ、それを動かすにはどうすればよいか、部屋を横断するほど長いコースを、止まらずに、しかもスピードを変えながら走らせるにはどうするか、毎日飽きもせずに遊びつづけています。

先日参加した附属中学校の公開研究会で、三年生の理科の授業で似た実験を見ました。理科室でグループごとに、机の上にはレール、ガラス玉、小さな紙で作った車などがあり、「運動する物体の持つエネルギーは、何とどのような関係にあるか」を斜面にガラス玉や鉄球などを転がす実験を通して考えていました。その時の授業案には、「今までの学びで獲得してきたことを活かすことで、それらの価値を知る」ことの大事さ、「日常生活にあふれている力学的な事象に興味を持ち、それらについても調べ、学ぼうとする生徒を育てていく」ことが、「学び続ける生徒を育てる」ことにつながるとありました。

今、子どもたちがこうやって遊んでいることが、小学校やその先の中学校へとつながっていくことが容易に想像できます。さらに、中学校やその先で「学び続ける人間を育てる」ためには、今幼稚園で遊びの中から培っていくべきものがみえると思いました。

このように、園で毎日何気なく繰り広げられている子どもたちの「遊び」が、見取り方によっては、子どもの成長に感動を覚える機会となります。また、一人の子の遊びや気づきがまわりに影響を与えたり、広がっていったりすることもあります。それらはさらに家庭にだけでなく、小学校やその先へとつながっていきます。

2）求められる「幼児教育の質」とは

子どもの学びは、生涯にわたり連続していきます。幼児期・児童期……、それぞれ学ぶべきものが違いますが、どの時期においても「質の高い学び」をめざしていきたいものです。

では、質の高い幼児教育とは、具体的にはどうすることなのでしょうか。「言われたこと・指示したことはよくやるが、自分から考えてやろうとしない」という話を聞いたことがあります。けっして今の子どもたちの話ではありません。保護者の方からうかがった職場での同僚や部下に対するコメントです。文科省がおこなう「全国学力学習状況調査」やＯＥＣＤ（経済協力開発機構）の学力テストの結果により明らかになったことは、日本の子どもたちの知識は満足のいくものだったが思考力や表現力が劣っている、ということでした。先の保護者のお話は、そうした傾向は、社会人になっても続いていることがうかがえるコメントです。

知識は詰め込まれても、判断したりそれをもとに表現したり創造したりする力がなければ役に

みんなで描いたながーい電車

たちません。では、その力はどうすれば身につくのでしょうか。さまざまな環境の中でじゅうぶん遊び込むことで身についていく、と私たちは考えています。そして、そのことを、「学習能力の育成」と捉えてみたいと思っています。

子どもたちが親や先生や友だちと豊かなコミュニケーションを持ち、心を通わすことや感性を磨くことが、この時期の発達を促す第一歩だと考えられます。この時期はさらに、未知の環境に対応する能力をつけるトレーニングも必要となるでしょう。

ですからよりよい子どもたちの成長のために、幼稚園では遊びを中心とした保育を実施し、先生・子どもが、お互いに意思疎通させ相互理解することを重視していきたいと考えています。知識を詰め込むだけならコンピュータでもできますが、それでは人間は育ちません。人間を作るためには人間同士からたくさんのことを学ぶ必要があるのではないでしょうか。

日々の生活の中で身につけたさまざまな知識・スキル・態度が相互に結びついて「心の習慣としての学びの構え」――考えよう・調べよう・協力しようとする構え――が育っていくことこそ、とても重要であると私たちは考えています。

3）学ぶ力の育成について

これまで述べてきたように、私たちがめざしている「学ぶ力」とは、学校のなかだけで懸命に学ぶ能力をさすものではなく、大人になってからも生涯学び続ける能力のことを意味します。したがって、生涯にわたって学び続ける人間を育てるうえでもっとも重要なことは、外からの強制や期待に促されてではなく「自ら学ぼうとする構え・習慣」を形づくることであり、そうした内発的動機を育むうえで幼児期の教育はきわめて重要な役割を果たすであろうこと。また、学ぶ意欲というのは、遊びのなか、困難なことや不確かなことにチャレンジすることで育っていくものだと考えています。

これらのことを考えて保育のあり方を考えたとき、子どもの知識や能力を高めるために計画を立て、その枠のなかに子どもをあてはめていく「計画重視」よりも、個々の人間がどのように好ましい成長をしていくのか、エピソード記録や子ども一人ひとりの継続観察（見取り）に基づく「過程」に重点を置き、実践し振り返って検証をする「学びの物語」をつづることが真に有効な幼児期の「学び」のあり方を探るうえで確かな方法だと思っています。

河川敷での虫とり

資料●1

★ 幼稚園における学びの意欲・めざす人間像

本園では、学びの意欲を、次のように考えている。

① 関心をもつ	② 熱中する	③ 困難や不確実なことに取り組む
④ コミュニケーションする		⑤ 責任ある行動をする

これらの意欲は、幼児期において培われ、**生涯学び続ける人間**をめざすものである。

★ 学びの環境づくりと適切な援助をふまえた遊びを中心とした保育

子どもたちは、日々幼稚園での遊びの中から多くのことを取り入れようとしている。保育者は子どもたちの発達段階に合わせて①健康、安全、そして楽しい気持ちになれるような、②仲間ということが意識できる、③自分が何かみんなに貢献している気持ちになる、④先生や友達ときちんとコミュニケーションがとれる、⑤探求心が高揚される、といったような環境を意図的にめざしている。

★ 適切な援助

遊びの中での成長を肯定的に前向きに見つめ、子どもたちにとって満足感が得られるように援助をする。具体的には、子どもたちの様々な成長の過程は、「学びの物語」として蓄積する。これは、園での様子だけでなく、保護者には家庭での成長を記録してもらい、ともに望ましい成長の援助をする。

★ 子どもの心の育ちや意欲、取り組む過程を重視する「学びの物語」

「学びの物語」とは、子どもをより深く理解するために、保育者がつづる振り返りでありアセスメント（評価）である。評価といっても、特定の課題を確認チェックするものではなく、日々の子どもの様子を観察するだけのものである。ただし、その場合子どもの長所に目を付けるものである。

「学びの物語」は、子どものできないことに注目するのではなく、子どもの有能さに目を向けていく、いわば信頼を基礎とした評価とする。評価の後に保育者は「振り返って気づいたこと」を考え、環境を設定し、援助の方法を考える。

幼児期に培うべき・将来連続させたい力

福島大学附属幼稚園

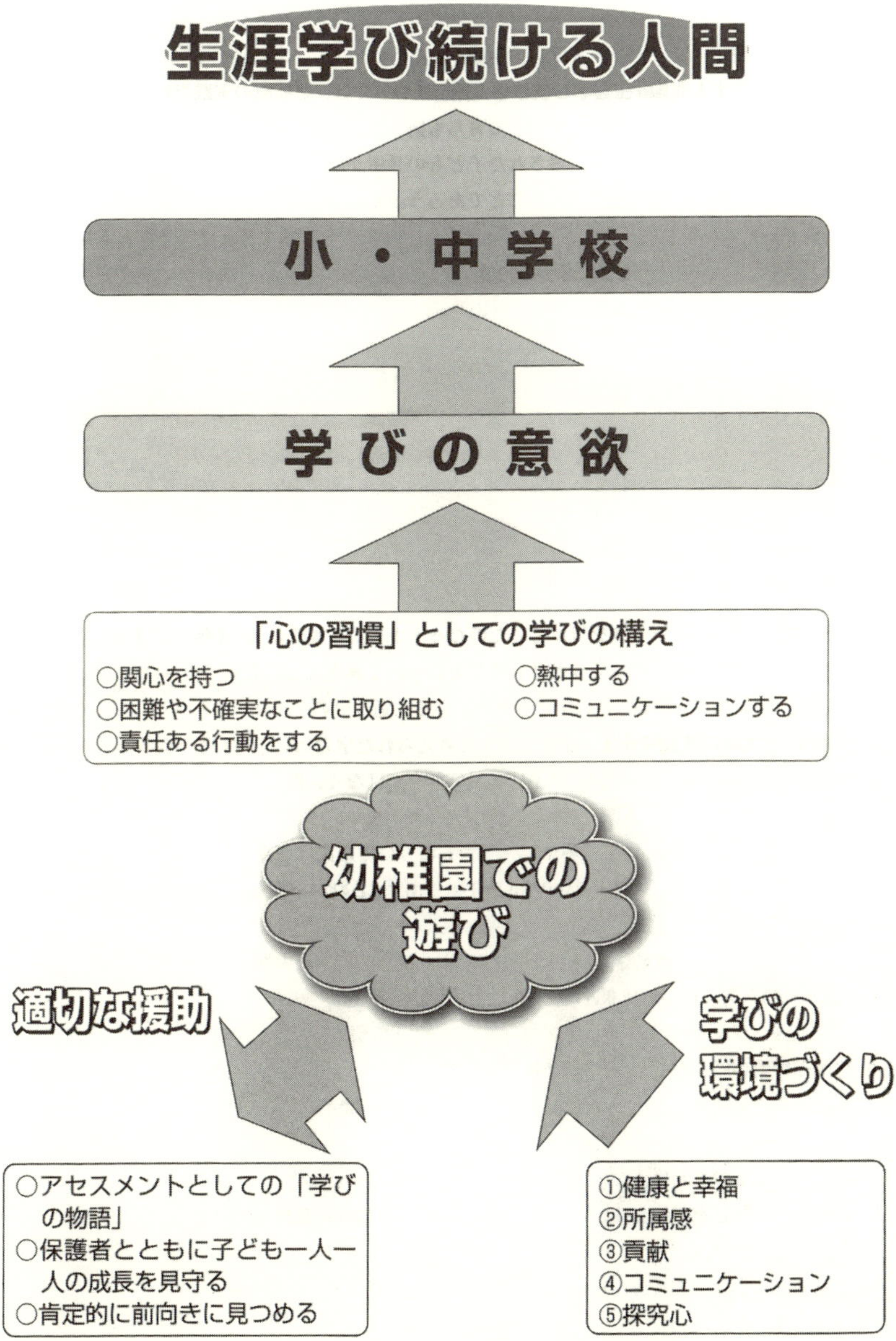

3 附属幼稚園での保育の特色

1）附属幼稚園の環境

本園は福島市の中心部にある幼稚園です。住宅地の中にあり、付近には公立小中学校、公立私立高校などがたくさんある文教地区です。

大学の跡地を利用しているため、園児数にたいして比較的広い園庭があり、大きな樹木もたくさんあります。子どもたちが自然とかかわって遊べるように、実のなる木や登って遊べる木、自由にとって遊べる草花などが豊富にある園庭。春にはタンポポやスミレ、シロツメ草などが咲き乱れ、蝶やダンゴムシなどを捕まえる子どもたちの歓声が響いています。はじめてダンゴムシを手のひらにのせた三歳の女の子が手のひらをもぞもぞと這いずり回る感触に「うぉー！」と叫び声をあげたことが忘れられません。夏には、セミの声がうるさいほど聞こえてきます。体重測定

子どもを見守る園庭の大きな樹

をしながら三歳の男の子は「これはミンミンゼミの声だ！」とパンツのまま飛び出ようとしたこともありました。

春から秋にかけては、園庭の隅にある小さな池（最初は保育者からのお願いでお父さんたちに作ってもらいました）にオタマジャクシがたくさん生まれ、子どもたちの遊び場になっています。

ドジョウやフナ、メダカなど先生たちが放した生き物だけでなく、ヤゴなどの水生昆虫も住みついていて子どもたちから教えられることがたくさんあります。

秋には意図的に残した雑草園からコオロギやスズムシの声が聞こえ、バッタやカマキリなど子どもたちは虫取りに忙しくなります。銀杏や紅葉の大きな木はきれいに色づき、どんぐりは大きな実を落としています（コナラだけでなく、クヌギもとらせたいという思いから植樹しました）。子どもたちは遊びのなかでごちそうづくりに使ったり、落ち葉のプールにダイビングしたり、秋の自然を満喫しています。ケヤキの葉がひらひらと舞い落ちる様子に目を奪われ、くるくると回

築山からのそりすべり

り出す三歳児。なぜか毎年見られるかわいらしい風景です。

冬になると雪が降れば築山からのソリ滑り、池の氷取り、霜柱探し……寒くても子どもたちは外に出て行き、元気に遊んでいます。「道路に雪がなくなっても、園庭にはあるからスキーズボンと長靴で行く！」と言ってお母さんを困らせるのも本園ならではのことと思います。

園庭にある築山は、子どもたちのさまざまな挑戦の場となっています。坂道を登ったり、下ったりすることも子どもたちにとっては達成感があります。また、築山には雑草だけでなくとって遊べるようにポピーなどの種もせっせとまいています。同様に大きなケヤキの木の下はクマザサの茂みになっているので子どもたちにとっては、絶好の探検コースになっています。子どもの背丈ぐらいに刈り込んでいますが（時には伸びてもっと高くなることも）、何年もかけてできた獣道はワクワクするような迷路になり、いろいろな遊びに活用されています。

「子どもたちに、これも見せたい、食べさせたい」という保育者の思いからあちこちに食べられる実のなる木（アンズ、ザクロ、カキ、イチジク、ナツメ、グミ、びわ）が植えられ、空いている土地は畑へと開墾されていきました（イチゴ、ジャガイモ、サツマイモ、里芋、ゴボウ、白菜、キュウリ、ミニトマト、なす、かぼちゃ、アスパラガス、にんじん、大根、かぶ、ねぎ、ピーマン、落花生、キャベツ、ブロッコリーなど）。イチゴが色づいていく様子を毎日楽しみに見ている子どもたち。大根やかぶを絵本のようにつながって抜こうとする様子に笑ってしまいます。作物を通して、子どもたちから教えられたこともたくさんあります。「ジャガイモの葉っぱにはテントウムシの赤ちゃんがいるよ！」と幼虫を幼齢期ごとに並べて見せられた時には、丸いテントウムシから想像もできない細長い幼虫にびっくりしたこともありました。

「育てて、収穫して、食べる」という営みは苦労も多いけれど子どもたちを大きく育ててくれます。

大きな大根うんとこしょ！

2）園舎・クラス編成とスタッフ

クラス編成は次の三クラスです。
三歳児　もも組　　三〇名
四歳児　みどり組　三〇名
五歳児　き組　　　三〇名
定員九〇名の小さな園ですので各保育室と遊戯室だけのシンプルな園舎です。保育室を広く作りたかったため、廊下がないめずらしい作りになっています。各保育室の前には雨の日も遊べるように園庭に向けてテラスが設置されています。遊べる場所が少ないので玄関フロアーも自由に遊べる場所として活用

夏祭り「せんせいのお店」

していきます。遊び場所をどこにでも作っていくのが子どもたちも先生たちも上手になってきました。
スタッフはとても少なく、午後の職員室には事務職員、養護教諭をいれて六人しかいません。保育者も各クラス一名の担任（計三人）、副園長一名、常勤講師の養護教諭一名、事務職員一名、短時間勤務講師の保育補助（主に三歳児クラス）二名、外部委託の用務員一名、大学から週二回勤務の園長一名というスタッフで行っています。人数が少ないことが、話がしやすく、伝わりやすいという一因かもしれません。

3）幼稚園の一日

それでは、附属幼稚園ではどんなふうに一日がすぎていくのでしょう？　時間を追って見ていくことにしましょう。

〔登園〕

本園では基本的に自家用車での通園は認めていません。親子で歩いたり、自転車に乗ったり、バスなどの公共交通機関を利用したりして登園してもらっています。その理由は、親子で通う時間を大切にしてもらいたいからで、親子がいっしょに歩くことで感じたり教えたりすることは、幼児期にとても価値あることではないか、と考えるからです。

朝は、親子で八時半〜九時までの間にクラスごとに時間差登園しています。

〈**好きな遊び**〉

身支度をすませるとそれぞれが思い思いの場所で遊び始めます（三歳児はみんなの準備ができるまでは保育室だけで遊んでいますがその後園庭に出る子もいます）。

遊戯室には大型の積み木などがあり、五歳児が自由に使える場になっています（三歳、四歳児は遊戯室の入り口で目を皿のようにして憧れの目でのぞいています）。

保育室・テラス・園庭・（遊戯室）など、自分で遊びの場を選んでいます。「今日は園庭のみ」とか園庭に出る時間を制限することはありません。時には保育室に残っている子が数人などという日も珍しくありません。

〈**かたづけ・一斉活動**〉

その日の活動や幼児の遊びの流れにもよりますが、十時〜十一時半ぐらいの

スクーターにのって　さあ行くぞ！

お母さんのお弁当　おいしいよ

間に片付けが始まります。その後、一斉活動として、絵本を見たり手遊びや歌を楽しんだり、集団的なゲームをしたり、みんなで楽しむ活動を行います。ときにはグループで取り組む制作活動であったり、表現活動だったり、年齢や時期によって活動も違いますし、取り組む時間の長さも変わってきます。

〔**お弁当・牛乳**〕

本園は週三回のお弁当になっています。今時、給食のない幼稚園は人気がありませんが、お母さんの手作りのお弁当を開ける時の笑顔には替えられないと思っていますし、親子のつながりのうえでも三回のお弁当の意味は大きいと考えています。

月・水は午前保育なので牛乳を十一時前後に飲み、降園しますが、火・木・金は十一時〜十二時半ぐらいの間でお弁当の時間をとっています。クラスによって、時間は前後しますし、活動によっても何時からお弁当と決まっているわけではありません。食後も遊ぶ時間をとることもあれば、食後にみんなで楽しむ活動を持ってくることもあります。保育の流れは、担任と子どもたちの動きで決まってくるので、日によって時間が変わります。

お弁当を食べる場所も、基本は保育室ですが、遊戯室に行って積み木でお家を作って食べることもあれば、園庭にござを敷いて食べることもあります。ふだんと違った雰囲気はワクワクしてうれしいようで「積み木でお弁当を食べたことが楽しかった！」と修了式に思い出話をする子もいます。

〔**飼育当番**〕

年長組になると、園で飼育しているウサギ、インコ、ウズラなどの飼育当番も始まります。生き物は、かわいがるだけではなく、世話が必要なので毎年心の葛藤が見られる飼育当番です。

また、ウズラの飼育では、卵が順番で貰えることが子どもたちにとって楽しみで、「今日は三コ生んでたよ！」と朝からチェックしに行く子もいます。

うさぎさんはこうだっこしてね

〔**降園**〕

午前保育の日は十一時二〇分～十一時四〇分の時間差降園をし、お弁当のある日も十二時五〇分～一時半の間に時間差で帰るようにしています。当然三歳児は早い時間で、五歳児は一番最後に帰るようにしています。

4）大学の附属幼稚園としての役割

大学の附属幼稚園として、以下のような特別の役割があるのも本園の特色です。

①　教育実習生の受け入れ

大学の附属園ということもあり、年間で二〇名～二五名の教育実習生を計九週間のあいだで受け入れています。その他にも大学の講義の一環としての保育参観、ボランティア学生による保育参加、卒論観察など学生が幼児に関わる機会もたくさんあります。

②　公開保育の実施

年二回四日間の公開保育を実施し、地域の幼稚園や保育所の先生方に対し本園の研究についての発表をおこなったり、バズセッションなどを通して保育に対しての理解を深めたりしています。

③　研究機関としての研究

本園は創立四四周年を迎えますがこれまでにもさまざまな研究に取り組んできました。最近では「幼児の遊びを考える」というテーマで遊びを構成する要素として「場・もの・人」がどのように変化していくのかを分析した研究、二年保育児と三年保育児の違いに焦点をあてた研究などがあげられます。また、「学びの連続性を考える」のテーマから、今回の「学びの物語」へとつながっていきました。

第1章 子どもの見方が変わると保育が変わる

第一章では、私たちが実際に「学びの物語」をどのようにスタートしていったのかをサクラちゃんとユウイチ君、二人の記録を振り返りながら見ていきます。そしてとくに、その過程で保育者がどのように変わり、保育がどう変わっていったのかを探っていきたいと思います。

序章で述べたように、「学びの物語」に出会い、実際に記録を取り始めようとしたとき、私たちはどこから手をつけたらよいのかまるでわかりませんでした。

ただ、保育の中で保育者としてどうかかわったらよいかわからない子の気持ちを知りたいという思いは強くあり、そうした私たちにとって、気になり、ともすると否定的に見える子の記録を継続的にとっていくことからはじめることにしました。

はじめに紹介するのは、「学びの物語」でいう「子どもは有能な学習者である」ということを感じることができたサクラちゃんの物語です。少し長くなりますが、私たちが「学びの物語」の取り組みをすすめていく意義を強く感じさせてくれた実践です。

1 サクラの「学びの物語」をとり続けて見えたこと

1）入園一年目のサクラの姿

入園当初のサクラはいつも眉間にしわを寄せ、不機嫌そうな表情で私たち保育者を見ていました。初めての集団生活に対する緊張感や不安感からか足取りは非常に重く、玄関で長い間立ち尽くして時間が過ぎていきました。担任である私に声をかけられるとかばんをかみ、体にさわられると手を払いのけるのです。他の子たちが保育室にすんなりと向かうようになってきたこともあり、私の心は穏やかではありませんでした。「早く部屋に入って遊んでほしい」という思いが日に日に強くなりました。

私にはサクラが何にとまどっているのか、どうすれば安心して過ごせるようになるのかがまったく見えなかったのです。そして、みんながかたづける頃にようやく保育室に入って遊び始めるようなサクラの行動が気になって仕方ありませんでした。

■事例1―1　年少もも組　サクラの学びの物語　記録者：阿部　智実

◇入園当初　【何をすればいいの？】

登園時、保育者を見つけると後ろにいる母親にもたれかかる。玄関からはなかなか入ってこようとしない。「サクラちゃん、おはよう」と声をかけると保育者をじっと見つめながらもますます母親ににじり寄っていく。

母親が帰ってしまうと、しばらく玄関の片隅でかばんのひもをかじっている。年長児が飼育当番を始めると、その様子にじっと見入り、指差しながら何か言い始めた。「き組さん、お当番が始まったんだよ」と保育者が言うと、一瞬保育者を見つめ、また視線をウサギの周辺に戻した。

ようやく外靴を脱いで玄関ホールに入ってくる。しかし、上履きを履かずにソックスのまま、通りかかったアキラを追いかけキャッキャッと走り回っている。ふと立ち止まって、周囲の幼児が遊び始めた様子を見ると、帽子とかばんはそのままで遊び始めた。

「サクラちゃん、かばんしまおうか。コップとタオルも出そうよ」と声をかけると、眉間にしわを寄せ、かばんと帽子を保育者に押し付けるようにしてその場を去っていった。

かたづけの時、人形用の布団を入れるかごの前にあった布団と人形をかたづけようと手にした保育者にサクラは「やめてよ～」と言って布団と人形を保育者の手から奪い取った。そして、またその場にていねいに布団を敷き、その上に人形を寝せて、頭をなでると満足そうに去って行った。

保育者はその場をそのままにし、クラスの他の幼児たちに降園の用意をうながした。

――こんな入園当初のサクラの姿だったのですが、かたづけられずに置かれたものをそっとしておくようにするなど、サクラのペースを大事にしていったこともあって、少しずつ幼稚園が「遊べる場」になっていったようでした。朝も、なんとなく気になる存在のアキラを見つけると、後を追いながら保育室に入ってくるようになりました。そんなある日、サクラが初めてうれしそうな表情を私に見せてくれました。

◇4月下旬　【「ここ、ぬれてるでしょ」】

かたづけの時、保育者が人形をサクラに手渡すと、サクラは素直に人形を受け取った。人形のお尻をさわって「ここ～」と言い始めた。

保育者が「ここ、どうしたの?」と尋ねると、「ぬれてるの～」と言い、保育者にもさわるように手を導いた。保育者もその部分をさわってみて（濡れてはいないが）「おしっこしちゃったのかしらね」と言った。何度もさわってみて「ぬれてるでしょ。ほら〜」と、偶然隣にいたサユリにも声をかけた。サユリが何も考えずに「うん」と答えてうなずくと、「ね！ね！」とうれしそうにパンツを脱がせた。そして、人形をかごに戻し、脱がせたパンツを保育者に持ってきて手渡した。

――サクラになんとか一つだけでもかたづけさせたいという思いがありました。これはうまくいった時の事例ですが、もちろんかたづけを強要しようとして失敗したことも数知れません。この時は自分が受け入れられたと感じたサクラが、気を良くして私の言ったことも受け入れようとしたのではないかと思います。はじめは単なるかたづけの記録でしかなかったのですが、この記録は次に取り上げた砂遊びや水にかかわるエピソードと合わせてのちにサクラを知る重要な手掛かりとなるのです。

◇5月中旬　【水にこだわって】

砂遊びをするようになるとサクラは、バケツにシャベルで砂をたくさん詰めて遊ぶようになった。しかし、時間がたつと、足洗い場で外靴を洗ってみたり、足洗い場の水を出そうとしたりして水にこだわるようになった。

かたづけの後はていねいに手を洗うのが日課となっていたが、そのまま水遊びに移行するようになった。

牛乳を飲んだ後は、コップをスポンジでていねいに洗っている。「もうだいじょうぶだよ。コップしまおうね」と、スポンジをもとの場所に戻し、降園の用意をうながした。しかし、サクラはコップに水を入れ、コップ棚に水をかけ始めた。水がいっぱいになったコップ棚からは水があふれ、床が水浸しになった。

「サクラちゃん、お水で遊んではダメ！」保育者はいつまでもやめないサクラからコップを取り上げた。すると、サクラは保育者をにらみながら「なにすんのよ～」と大きな声を出して怒りはじめた。そしてなかなか気持ちが切り換えられず、そっぽを向いてその場に立ちすくんでいた。

何して遊んでいるの？

――以上の記録をもとに五月末、大学の先生も交えて「意見交換」をしました。参加者からは人形の世話に対する関心、安心感の獲得についてなど意見が出されました。けれども何より衝撃的だったのは、サクラが排泄の失敗を人形に置き換えているのではないか、排泄がうまくいかないことが水に対する関心と結びついているのではないかという意見でした。これまでの経験を駆使してもサクラのかたくなな態度やこだわりが理解できなかった私は、子どもを知る新たな窓口が開かれ、まさに目から鱗が落ちる思いでした。

この「意見交換」をきっかけに、私は水や砂などの遊びを通してサクラに思う存分発散してもらおうと奮闘するようになりました。そうすることが排泄の失敗で自信をなくしているサクラの心を解放し、サクラと私との信頼関係を築いていくことにつながると信じたからです。

「意見交換」は初めのうちは大学の先生を交えて一つひとつの記録を読み合い、それぞれが「学びの物語」の五つの視点で読み取ったことや感じたことを自由に話し合う機会を設けていきましたが、そのうち頻度が増えるのにともない、毎日のように職員室で自由に行うようになっていきました。記録に残すことで自分のその時の思いや子どもの気持ちを振り返ってみることができるようになり、話し合う時には自分が気にもかけなかった小さな出来事に大きな意味があることを他の先生から指摘されることもしばしばでした。

◇5月下旬　【サクラちゃんていっぱいいる?】

ある日の降園時。コップを洗いながら水遊びが終われないでいるサクラに、私たちは「サクラちゃん、もうママ来てるかもよー」と降園の用意を促す言葉をかけた。すると私の近くにいたユウジが「サクラちゃんていっぱいいるんだよね〜」とつぶやいた。

——この時のユウジのつぶやきに、私はハッとしました。もちろん園にはサクラという名の園児は一人しかいません。それが「サクラちゃん」という子が何人もいるかのように私たち保育者三人は、それぞれに「サクラちゃん！」を連発していたのです。それは叱責だったり、注意だったり、とにかくいい意味での呼びかけではなかったのです。

反省した私は、サクラの水への興味・関心をかたづけに生かしていこうと考えました。サクラに砂場で使ったバケツやシャベルを洗ってもらうことにしたのです。私の中には「かたづけは要領よく」という思いがあり、サクラのていねいさが遊びの延長のように感じられ、それに付き合うのには大変根気がいりました。でも、サクラのほうは着実に私との距離を縮めてきて、「あの子悪いね（変だね）＝私は違うもん！」と自分をアピールし、私の同意を暗に求めてくるようになりました。

◇5月下旬　【砂がついてるでしょ！】

かたづけの時に、サクラに遊具を洗うように頼んでみた。保育者がさっさと終わらせようと、たらいの中ですすぐやり方を知らせると、「ここ～」と砂が残っていた部分をさし、たらいの中でチャポチャポと洗っていた。何度も何度も同じバケツを繰り返し揺すっているので時間がかかってしまった。保育者が「グルグルでだいじょうぶだよ」とやって見せ、「ほら、グルグル」とサクラの動きに合わせて言うと、納得すればそれで終わり、納得できないともう一度やり直していた。みんなより遅くなってしまったが、最後までていねいにやりとげニコニコして室内に戻った。

◇5月下旬　【汚してはダメなの！】

砂場で遊ぶ時には、はだしになるように声をかけるが、「これでいいの」と言う。はだしで泥んこになっているトシキを見て、「んもう〜、あんなに汚してね」と保育者に同意を求めてきた。それには応じず、「サクラちゃんもズック脱いでくればいいのに……。気持ちいいよ。ぬれても平気だし」と保育者が自分の足を見せると、露骨に眉間にしわを寄せそっぽを向いた。

年中組の幼児たちがシャツとパンツで砂場遊びをしたり、シャワーで水をかけてもらったりしているのを見て、「みどり組さんなのに、あんなことしてね〜」と保育者に言ってきた。保育者は「あら、楽しそうじゃないの」と答えた。

◇6月上旬　【「ぬれちゃったじゃないの〜！」】

相変わらずはだしにならないサクラに、保育者はホースでたらいに水を入れるふりをしてサクラの足にわざと水をかけてみた。そして「あら、ごめんね。サクラちゃん。ズック脱がないとね」とサクラの手を引いていそいそとテラスに向かった。

サクラは「もう〜、先生は〜、ぬれちゃったじゃないの」とブツブツ文句を言っていたが、しかたなくズックを脱いではだしになった。しかし、その後も、茶碗に砂をつめてチマチマと遊んでいた。

――その後、毎日のように、同じことをやってみたり、はだしの感覚の気持ちよさを伝えたりしながら、ズックを脱ぐように働きかけていきました。サクラ自身も「ズックを脱ぐこと＝はだしになること」には、少しずつ抵抗がなくなってきているように見え、声をかけられるとはだしになって遊ぶ姿がみられるようになりました。

そんな日が続き、しばらくたったころのことでした。

◇6月上旬　**【水たまりに飛び込んで】**

昼食後、砂場で遊んだあとで、かたづけになった。はだしにすっかり抵抗がなくなっていたサクラは、アキラとトシキがたらいをひっくり返して水浸しになっていた場所に足を突っ込んで楽しんでいた。トシキが走ってきて水溜りにジャンプして飛び込むと、しぶきがまわりに飛び散ってサクラにもかかった。サクラは意外にも「アハハハハハ～」とおなかを抱え込んで笑うと、自分も思い切り走ってきてジャンプした。

〈振り返って気づいたこと〉

意見交換で出たことをさっそく実践してみた。かたづけで水を使わせるのは、いいことをしている意識がもてるうえに好きなことができる。サクラにとって

こんな色になったよ！

は認められるきっかけにもなってよい経験ができたと思った。保育者はさらにランクアップを狙い、砂場遊びで水を存分に使わせたいと考えた。ごちそうづくりのような小さなことに取り組むのではなく、水を思い切り流して遊ぶ姿や、泥んこになっても気にしないで遊べるような姿を思い描いていた。

しかし、本人は大人の見方で、汚れるようなことをするのは、「きたない」「恥ずかしい」「ヘン」という思いが先にたち、なかなかやりたいことができないでいるように感じた。

そんな中でジャンプし飛び込んだこと。本当はその後の様子をもう少し観察したい気もしたのだが、降園の時間が迫っていたので、(実際には) 何とか帰る用意をさせる方向にばかり働きかけてしまった。

〔次はどうする?〕

少しずつではあるが、保育者に自分から関わってくるようになってきているし、水に対する抵抗もなくなってきている。幼稚園での生活のリズムをつかんで動くようにもなり、かたづけもサクラのペースではあるが、できるようになってきた。まだダイナミックな遊びとはいかないが、今の段階ではサクラの成長を認めていこうと思った。今後、水を使ったいろいろな活動や絵の具を使った活動などを予定しているので、サクラの気持ちに寄り添いながら、それらの活動に誘い、発散的な遊びに抵抗なく取り組んでいけるようにしたいと思う。

こんなふうにして私はサクラを少しだけ理解し、それを手がかりに彼女の不安感を取りのぞき、信頼関係を築きあげていきました。六月、教育実習生が子どもたちの前に立って話し始めると、「なんで先生なのにここにいるの？」と怒って私をみんなの前に押し出そうとしたサクラを目の前にし、ようやく私は彼女に先生として認められたのだと思いました。

いつしか眉間のしわは自分で納得のいかない時だけになり、まわりを受け付けないような強いこだわりがだいぶ少なくなっていきました。そして偶然かもしれませんが、最初に自分を受け入れてくれたサユリにサクラはとても興味を示しました。毎日の生活の中で、彼女はサユリに自分のできる最大のサービス（遊具をサユリの分まで用意してあげたり、お弁当の時のいすを隣に並べて置いたり）を尽くしていきます。サクラの中ではサユリがとても大きな存在になっていきました。

2）園二年目年中みどり組のサクラの姿

もも組の終わりごろから「もうすぐみどり組さんだもん！」と張り切っていたサクラでしたが、意欲は空回りに終わってしまい、なかなか実際の行動には結びつきませんでした。でも、できないことでクヨクヨして立ち止まってしまうのではなく、できないなりにもがんばろうとする姿が見られるようになりました。

そして迎えた新年度。子どもたちの姿はみどり組になったからと急に成長や変化が見られるわけではありません。もも組の時にゆったりと付き合ってくれたカナ先生やユウコ先生は新入園児のお世話で手を取られ、自分のほうを向いてくれません。「先生が三人」ということに慣れきっていた子どもたちは、かたづけや、トイレ、身の回りの始末など生活にかかわる部分で、新しい環境へのとまどいを見せるようになり時間をとられるようになりました。

サクラも登園時には「どうして私の方は見てくれないのよ」と言わんばかりに、のんびりと玄関で過ごすようになりました。そして新入園児が泣いたり甘えたりしている姿にじっと見入っていました。新しい環境に慣れるまで時間がかかることを一年間の経験で知った私は、サクラの気持ちに寄り添うことにしました。玄関では「あんなに泣いてるね。ママがいいのかな?」と年少児の様子を言葉に出して自分の成長を感じ取らせたり、「サクちゃんはパッとできるかな? みどり組さんだからね」と、彼女の自尊心をくすぐったりしながら、意欲が行動に結びついていけるように関わっていきました。

みどり組になってサユリとの関係に変化が見られました。新しい環境に慣れていくためには、使える遊具や場所をまず学んでいかなければなりません。サクラはみどり組になって使えるようになったスクーターや、砂場の遊具、ままごと道具やスカート・エプロンなどの衣装に興味を示し、自分から積極的に働きかけていきます。もちろんサユリのことは大好きなのですが、自分のやりたいことやほしい物をまず優先しようとする気持ちが芽生えてきたようです。以前は彼女がサユリに譲ることで二人がぶつかる場面はなかったのですが、みどり組になってからは次の事例のように、たびたびぶつかる場面が見られるようになりました。

■事例1―2　年中みどり組のサクラの物語　記録者：阿部　智実

◇4月中旬　【サユリと張り合って】

保育者が「かたづけしようね」と言ったとき、サクラとサユリはちょうどだれかの乗り終えたスクーターに手をかけたところだった。「サクちゃんの！」「あたし！」「ちがう！」「あたしだってば！」と激しくやり取りをする二人。「おかたづけだよ」とクラスの幼児たちが集まってきたが、二人とも聞きいれず、お互いの手をスクーターから払いのけようとしながらにらみ合っていた。「今日は、かたづけで乗れないから、このつぎね」と保育者が言うと、すかさずサユリが「だからかたづけたいの！」と保育者をにらんだ。「サクちゃんだって！」とサクラも負けてはいない。ジュンヤは「どっちかがまんすればいいの。どっちが早かったの？」と尋ねた。

するると、「サクちゃん！」「あたし！」とますますにらみ合う。マモルは「こういう時にはじゃんけんすればいいんだよ」と提案した。「じゃんけんしてどうするの？」と保育者。「負けたら、がまんすんの」とタクミ。保育者は二人に向かって「じゃんけんする？」と尋ねると二人とも横に首を振った。「ちょっと見て！　このお二人さん、どっちもがまんできない感じよ」と言うと、タクミもそう思ったのか、うなずきながら砂場のかたづけへ向かっていった。

「さぁ、困ったね。先生もお手上げだ〜。このスクーターを半分コしないとダメみたいだね」と言うと、ユウジは「半分コはできないよ」とボソッと言った。

保育者が困った表情で「じゃ、しかたないからいつまでもにらみあってここにいるしかないね。みんなはかたづけてお部屋に行こうね」と言うと、タクミ、ヒロシ、ジュンヤが、もうかたづけたスクーターを小屋から持ってきて、「はい」と二人の前に出した。保育者は「みんなが困って持ってきてくれたでしょう。この手を離してそっちをかたづけてきなさい」と二人に言うと、サクラはパッと手を離し、ジュンヤの持ってきたスクーターに乗ってかたづけに行った。サユリはそのまま手を離さずにそのスクーターに乗っていった。


——初めて目にしたぶつかり合いの場面でした。サクラもサユリも一歩もゆずりません。私は二人の思いを聞き出しながら成り行きを見ていきたいと思ったのですが、意外にもまわりの子どもたちが過去に自分が経験したことをもとに、いろいろ解決法を考えてくれました。年中組になると子どもたちの関係も育ってきて、小さなかたまりで遊ぶようになります。周囲の子どもたちの言動もサクラの変容に大きく関わってくるのだとあらためて思いました。

その後も、このような小競り合いがサユリだけでなく、ユカやそのほかの子どもたちとも繰り

真剣な表情でごちそうづくり

広げられていきます。そのたびにサクラのさまざまな思いや行動をその場その場で受け止めていきました。ときには「でもね」とたしなめ、ときには「そうだね。残念だったね」と共感してなぐさめ、ときには「サクラちゃんはこうしたかったんじゃないの？」と周囲の子どもたちに代弁してやり、またときには「偉かったね」と認めてやりながら、まわりの子どもたちとの関係（とくにサユリとの関係）をゆっくり見守っていきました。

友だちと関わって遊ぶことがとても楽しくなったサクラは、友だちとネコになって動いたり、「ニャー、ニャー」とネコの言葉で伝えあったり、お世話をしてもらったりして遊びに熱中するようになりました。私が出していく新しい素材は、初めは興味がなさそうにしているのですが、それは慎重派のサクラがじっと様子をうかがっている姿でした。彼女の場合は、まわりの子がやっているのを見てからゆっくりと関心を示していくのです。

みんなで砂遊びを経験した後には、砂場でのケーキづくりを私が知らせたやり方で忠実に再現しようとしていました。そして飾り付けを工夫していくなど、何度も試したり工夫したりして遊ぶ姿が見られるようになりました。けれども遊びに熱中するあまり、次から次と遊具や素材を出して場を広げてしまうので、「かたづけだよ」と声をかけてもなかなかかたづけられない状況が再び出てきました。

とくに、自分の作品が「できた！」満足感とうれしさで、さっそく遊ぼうとします。それはいいのですが、その一方で、それが置き去りにされていることが多く、すぐに作れる手軽さからかあまり大事に扱わないことが、私には気になり始めました。

二月にたのしみ会（生活発表会）があり、そこで「とんぼのうんどうかい」をすることになったのですが、その時使う「めがね」や「羽」も遊びに使うとよくそのまま放置されていました。次の記録は、自分の物をあちこちに出したまま遊びの場が広がってしまって、私に再三「ここに出しておくとなくなっちゃうよ」と言われていた頃のものです。

◇1月下旬〜2月中旬　【羽がなくなった！】

たのしみ会の週になり、持ち物は自分の絵本袋に入れて自分で管理するようにさせた。たのしみ会の前々日、テラスで遊んでいて放置されたサクラの羽とサユリのめがねを見つけた保育者は黙ってそれを保管した。その後、練習のため遊戯室に行こうとすると、サクラは椅子を持ってうろうろし、遊戯室に行けずにいた。他の幼児たちが遊戯室に移動しても保育室で動けずにいる。「どうしたの？」と尋ねても困った様子で立ちつくし、保育者をじっと見ていた。

「練習にいかないと、時間なくなっちゃうよ！」と保育者がせきたてると、「はねが……な……い……」と声を絞り出した。「あら、大変。羽がないならとんぼにはなれないね。ママにも見てもらえないね。あーあ、困った〜」と保育者が言うと、眉間にしわを寄せて保育者を見る。

「サクちゃん、どこで遊んでたの？　そうやっていても見つからないでしょう。探さないと！」

と保育者が言うとサクラはゴミ箱をあさり始めた。「そんなところに入っているの？」と保育者が尋ねると、「捨てられちゃったかもしれない」とサクラは答えた。少しの間、ロッカーやテーブルの下などサクラが思いあたるところにつきあいながらも、「大事にしておかないからだね。みんなも待ってるから、今日は羽なしでやるしかないよ」と言い、練習に連れて行った（サユリは気にせずに遊戯室で席に着いていた）。

他の幼児たちに「どうしたの？」と尋ねられたり、羽がついていないことを指摘されたりするたびにサクラは気まずい表情を見せるものの、自分の出番ではとくに気にするわけでもなく、ふだんと変わらない様子で取り組んでいた。昼食の前に保育者は、落ちていたものを拾って持っていることを知らせ、きちんとしまうことを約束させ二人に返してやった。

しかし翌日、再び同じようなことが起こったため、保育者は「自分のものを大事にできない人にはもも組に行ってもらいます」と言って、サクラとサユリを年少組に連れて行った。年少組でじっと動けずにいる二人に担任のサチコ先生が「どうしてここに来たの？」と尋ねた。「羽、大事にしないから」とサクラは答えた。「ふーん、大事にできないんだ。そんな人はもも組にいっぱいいるよ。だいじょうぶだからいっしょにお弁当食べよう」と言って二人をテーブルに着かせようとした。涙をためたサクラの目に年少児が自分のハンカチを出してそっとあてがうと、サクラはぶ然とした表情でその手を払いのけた。

サチコ先生が「まず、もも組さんの名前つけなきゃね」と名札を交換しようとすると二人とも抵抗し、困った表情で保育者を見た。保育者も「じゃ、荷物持ってきてあげましょうか」と保育室に戻りかけた。すると、二人は「いやだー」と保育者にしがみついた。

その後、保育者とサチコ先生に大事な物をなくさないようにするにはどうしたらよいかを確認させられ、約束を交わした二人はそろって保育室に戻った。

〔振り返って気付いたこと〕

学級で楽しんだことをもとに自分なりに遊ぼうとするようになり、その中で自分の経験したことや思ったことなどを自由に表現して楽しんでいるようだ。

遊びへの意欲の高まりとは逆に、どんどん出てくる思いから出したものがそのままになってしまうことが多くなった。次々に出していく一方でかたづけが追いつかない。自分で作ったものもうれしくてすぐに使いたいが、置いたところがわからなくなってなくしてしまうことが多かった。

そこで、この機会に自分のものを大切にする習慣をつけさせたいと考え、保育者は年少組に連れて行くという思い切った作戦に出てみた。いつもいつもだと効果はないのだろうが、気持ちがゆるんでいたときに厳しく接することも必要なのではないかと思う。

〔次はどうする?〕

こうやっておどろうよ！

これから年長組になって年中児や年少児の世話をするようになると、サクラの世話をしたいという気持ちが満たされるのではないか？　人形の世話をするようにはうまくいかないこともあるだろうが、がんばりを認めていくことで年長児としての自覚を持たせていきたいと思う。かたづけや当番などに関しては、気持ちはあってもなかなか行動がともなわないことがある。たとえ、自分自身が認められなくても、学級全体で認められるとそれを心地よく感じがんばることがわかったので、認める機会をなるべくつくっていきたい。

この記録をもとに行われた意見交換で、「保育者が幼児の姿をどう見るのか、何を認めたか、何を育てたいのかで、その幼児の伸びる部分が違ってくるのではないか」という意見が出されました。人それぞれ価値観が違いますから、その子の「どこを見るのか」「何を認めるのか」の部分も微妙に違うことは、意見交換を通しても感じていました。とくに自分が悩んでいることがあると、そのフィルターを通してしかその子を見ることができなくなるので、たくさんの意見を聞くことが大切だと思いました。

実際この一年で、サクラは友だち関係も安定し、遊びの中でイメージがふくらんでやりたいことをのびのびやれるようになりました。保育者が「ここはどうだろう？」と心配する場面をそれなりに乗り越えていけるようにもなり、その度に成長が感じられたことも確かです。ただ、かたづけやみんなでやらなければならないことへの取り組みには、自分のペースがあるようで、周囲の動きを感じとったり、周囲に合わせようという気持ちを持ったりすることがなかなかむずかしいように見受けられました。もうすぐ年長という私の焦りが、その部分だけを切り取ってしまっていたのでしょう。

3）あこがれの年長さんになったサクラ

年中組から年長組への進級は、子どもたちをとても誇らしい気持ちにするものです。年長さんになると、それまでうらやましそうにながめていた魅力的な大型遊具がたくさん常置されている遊戯室で思う存分遊ぶことができるし、外では自転車で遊ぶこともできます。あこがれのバスでのおでかけも多く、（ほんとうはそれなりに責任も重くなり、大変なのですが）新年長児さんたちは期待に夢をふくらませて新学期を迎えます。

サクラは、年中組に進級した時のようなとまどいをみせることはありませんでした。新しい環境に慣れるために、何を作るとはなしにゲームボックスや積木を出してみたり、あちこちの引き出しを開けては、スカートや布を身にまとってみたりしていました。ただひとつ変化があったとすれば、サユリとの関係です。サクラは進級当初ジュンヤを慕って、男の子たちとの遊びを展開していきます。ジュンヤもサクラと意気投合しいっしょに遊びを進めていきます。けれども、しだいに遊びへの興味の違いが明らかになり、「ジュンヤ君は好きだけど……」と割り切り、遊びの中では自分のやりたいことを優先するようになりました。

そして遊戯室に積木でおうちを作り、ままごと道具を出しておうちごっこを始めるようになったのです。テーブルには空っぽの茶碗やコップが並び、ゲームボックスを固定するねじを鍋やフライパンに入れて揺すったりかきまぜたりするようなこともありました。

記録をとったこの日も、サクラたちは遊戯室におうちを作り、ネジのごちそうで満足していました。以前からごちそうづくりを工夫してほしいと思っていた私は、折紙の本を提示して作品を見せ、「こんなふうにできるみたいだよ。どれにする?」と尋ねてみました。ページをめくってアイスクリーム、ドーナツ、お弁当、おすしなどいろいろなごちそうを見ていくうちにサクラはお店屋さんのイメージをふくらませていきました。

■事例1―3　年長き組のサクラの物語　**記録者：阿部　智実**

◇5月中旬　【お菓子屋さんをやるよ!】

サクラは「これにする!」と言って本を持つと、保育室にやってきた。そして保育者に「折紙使ってもいいですか?」と尋ねた。「いいよ。何作ることにしたの?」と尋ねると、「お菓子屋さん。ケーキを作るんだ。サク作れるよ」と張り切った。「でも～茶色の折紙がないの」と言った。保育者は使い残しの紙が入っているかごを運んできて、「ここの紙は使った残り物だから、何かに使わないと捨てられちゃうの。だから好きに使っていいよ」と伝えた。すると目を輝かせて「これ、これがいいわ」と紙を選び、ケーキやキャンディーなどを作っていった。途中からタクミとマモルもやってきて、「どれどれ、すごいね〜」と言うと、マモルは「キャンディーね。じゃ、どんぐりでも拾ってくっかね」と外へ出て行った。

サクラは保育者に紙コップを要求してきた。「ジュースはどうするの?」の問いに、「こうやればいいでしょう!」と言って周囲を紫色の色画用紙でおおった。「すごい! ぶどうジュースになった」と言うと、外から帰ってきたマモルが「オレンジジュースはないの?」とどんぐりをセロファンで包みながら尋ねた。ストローを出してきたサクラはそれを紙コップにセロテープで貼り付けようとしていた。タクミが「ちょっと長すぎるんじゃない? 切ったほうがいいよ」とアドバイス。タクミのアドバイスを受け入れ、半分に切ったものを両側に張り付けた。サクラは「これは『ヤブレターのジュース』です」と言った(たぶん、ラブレターの意味、カップルが飲むのをイメージしたのだと思う)。

かたづけの時間になってしまい、商品を売るまでに至らずにお店ごっこは終わってしまった。「かたづけするよ」の声かけに少々不満そうな様子はあったがサクラも動きを見せ始めた。しばらくするとサクラが、商品にしようとしたキャンディーの詰め合わせ(パックにキャンディーを数個入れてゴムで止めたもの)と「ヤブレターのジュース」を持って保育者のところにやってきた。

「はい！」と渡され、「何でしょう？」と尋ねる保育者に、サクラは「先生のお誕生日のプレゼント！」と言った。「ありがとう！　でもさ、ジュースはだれと飲もうかな？　だれが先生と飲んでくれるんだろう？」と言うと、隣にいたサユリが「あたしが飲んであげるわー」と言った。するとサクラは「ダメだよ」と言い、ジュースのコップを保育者の手から取ると、「先生は子どもと飲めばいいの。三人だよね」と言うと、ストローを二本付け足した。

――こんなふうに、それぞれが自分の経験を生かしたり、思いを出しあったりして遊びを進めていくことができるようになってきました。「こうしよう」という思いを自分なりに表現し、それを周囲が受け止め「こうすればもっと良くなるんじゃないの？」と感じたことを素直にアドバイスし、納得して受け入れあえる関係が育ってきたように思われました。サクラはカップルで一つのグラスから飲むジュースに特別関心を示していたようです。けれども作り方に見通しが持てて楽しくなってきた頃に「かたづけ」の時間がやってきました。以前の彼女なら、作ることに時間をかけ、かたづけの時間になってもそれを「売る」ことや「食べてしまう」ことにこだわっていたと思います。そこで納得しないと次の行動（＝かたづけ）には移行できなかったからです。今回はそこで時間をかけずに、私へのプレゼントにすることで、遊びに区切りをつけようとしたのではないでしょうか。その後の「ペアのジュースは（私が）だれと飲む？」という部分が「意見交換」で波紋を呼びました。

サユリが「あたしが（先生と）飲んであげるわー」と言いましたが、サクラはそれを認めません。すぐにストローを二本付け足します。そして、サユリではなく「（自分の）子どもと飲めばいい」と言いました。私に三人の子どもがいることは、園生活のいろいろな場面で話題にしていたことなので、クラスの子ならだれでも知っています。サユリのことが大好きだから、サユリが私といっしょにジュースを飲むのが許せなかったのでしょうか？　それとも、「先生と飲むのは私だけよ！」という気持ちのあらわれだったのでしょうか？　いったいサクラの気持ちはどちらだったのかは謎でした。

——そうこうしているうちに、六月を迎えました。五月末にサファリパークに行った経験を生かし、数日間かけてサファリパークを再現しようと子どもたちに投げかけてみました。前日、サクラはルナやマキとともに油粘土でカバを作りました。その時、「カバはどんなところにいた？」と保育者が投げかけ、その日はカバの池を作ることにしていました。

◇6月3日　【どうして来なかったの？】

「今日はカバの池作ろうね」と声をかけたのにサクラは来なかった。カバ作りを中心になって進めてきたルナはせっせと積木で囲いを作り、中の水をどうやって表現するか悩んでいた。

マキと二人で、できた場にカバを運び、考え込む姿が見られた。保育者が「ねぇ、サクちゃんはどうしたの？」と尋ねると、二人は「だって呼んでも来ないんだよ」と言った。保育者は「それでいいの？　あなたたちがこんなにがんばっているのに、サクちゃんは何もしなくていいの？　何もしないのにみどり組さんを連れてきて『私たちが作りました』なんて言うんだよ。ずるいと思わないの？」と言った。二人は再びサクラのもとに行ったが、サクラは来なかった。「サクちゃんは何をしてるの？」と尋ねた保育者に二人は「自転車に乗ってるんだ」と答えた。

何とか苦労してカバが水の中にいるような雰囲気を出したところにサクラがやってきた。ニコニコしてやってきたサクラに、保育者が「ねぇ、サクちゃん、どうして来なかったの？　もうできあがっちゃったよ。二人だけでがんばって作ったんだよ。みんなで作ってみどり組さんに見せるんじゃなかったの？」と強い口調で言った。サクラは黙り込んでしまった。

昼食後、できあがったサファリパークに年中児を連れてきて見せることになっていた。クラスの幼児はさほどサクラのことは気にしていなかったが、保育者が切符を作って配ることで埋め合わせをしようと考え提案した。サクラが一生懸命切符を作っていると、「大変だね」「ボク手伝うよ！」「私も！」とほとんどの幼児が切符づくりや配布を手伝ってくれ、一大イベントは無事終了した。

——その日、職員室でサクラのことを保育者が話すと、年中組のサチコ先生が「ごめん」とあやまってきました。じつはサクラが自転車乗りにあまりに一生懸命取り組んでいたので、サチコ先生が後ろを支えてあげるなど、だいぶ援助してくれていたことがわかったのです。そして、サクラがその日初めて自転車に乗れるようになったということも……。

◇6月4日【「ほら、見て！見て！」】

保育者は登園したサクラに「サクちゃん、昨日自転車に乗れるようになったの？」と尋ねた。するとサクラは目を丸くしてうなずいた。「先生、サチコ先生に聞いたの。ほんとうによかったね。自転車がんばってることに気づかなくてごめんね。サクちゃんお話ししたそうだったよね」とあやまった。登園時の持ち物の始末や身支度をすませるとサクラは園庭に出て、自転車に飛び乗り、「先生、見て！見て！」とうれしそうに言った。

保育者にはタイムリミットがあって、「×日までに○○をしなければ！」という思いがあります。しかし、子どもたちには子どもたちの時間が流れているのだなとしみじみ感じた出来事でした。サクラの気持ちは自転車に向いていて、その時まさに乗れるようになりたいという思いでがんばっていたのでしょう。けれども、保育者はサファリパークづくりに躍起になっていて、それにはまったく気付きませんでした。ですから、他の子どもたちの前で「何やってるんだろうね？」と、サクラを非難するようなことを言ってしまいました。まじめにがんばっているルナとマキが

「自分たちばっかり……」と思っているのではないかと案じ、慰めたかったからです。また、年長組なのだからみんなでがんばる気持ちを持ってほしいという思いも強くありました。けれども、ちょっと手を休めてサファリパークづくりが終わった子や、やろうとしていない子にも私が自分で声をかけにいく余裕があればよかったのにと悔やまれました。

ふだんルナやマキは、「ずるい！」とはっきり言える子なのに、それほど積極的に活動に誘おうともしなければ、とくに非難めいたことも言いませんでした。今になって思えば二人もサクラのがんばりを知っていたのかもしれません。でも私は、目的に向けてみんなでがんばってほしかったので、ほとんど終わってからニコニコとやってきたサクラをそのまま活動に参加させたくありませんでした。それぞれのがんばりではなくて、みんなが一斉に盛り上がることを、もしかしたら期待していたのかもしれません。ですから、当初は予定していなかった切符づくりをまるで罰を与えるかのようにサクラに課しました。

クラスの子どもたちは、初めからサクラに同情して手伝おうとしていました。私にはそれも「切符を作ってみたいからに違いない」という意地悪な目でしか見ることができませんでした。もしかしたらクラスの子どもたちも、「先生はなんでそんなにサクラちゃんを怒っているの？」という思いだったのかもしれません。子どもたちのほうが彼女のやろうとしていたこと、やっていたことをきちんと把握していたのかもしれないと反省しました。

サクラがニコニコしてやってきたのは、自転車に乗れたことを大好きな先生に伝えたかったたからに違いありません。けれども、私には彼女の話を聞き入れるゆとりがありませんでした。私はその日、職員室でなかばサクラを非難するようにその日の出来事を話し始めました。そこで、サチコ先生の話を聞いてはじめて、「イヤだから」「やりたくないから」来なかったのではなく、「がんばっているから来られなかったのだ」ということがわかったのです。申しわけないという気持ちになった私は、翌日そのことを伝え、素直に詫びました。

活動に追われてしまうと、一人ひとりをゆっくり見てやる時間も自分自身の心のゆとりもなくなってしまいます。心のつながりを取り戻すためには、保育者自身も悪かった点をきちんと認め、子どもに伝えていくことがなにより大事なのではないかと思いました。

4）サクラとの三年間を振り返って保育者として学んだこと

サクラと出会って三年が過ぎました。初めは対応に悩むことの連続でした。こちらが近づこうとすれば、そっぽを向かれ、ふれようとすれば手を払いのけられ、この子とはどんなふうに関係を築いていけばよいのか、もしかしたらずっとこのままかもしれないという不安にかられて過ごしていました。その不安が彼女のマイナス面ばかりをとらえた記録にも表れています。今思えば、新しいことへの不安に彼女なりの方法で立ち向かっていたのだと思います。何がそんなに不安なのかが見えた時、対応策がみつかった時から彼女の表情から眉間のしわは消え、少しずつですが、彼女なりのペースで遊ぼうとするようになりました。遊びは生活そのものですから、その言動の中には彼女の思いや不安が見え隠れしていました。それがわかったことで今度は記録をとるのがとても楽しくなりました。そして、いろいろな方向からサクラの行動を見取り、成長や変容をみていくことができるようになりました。

振り返ってみると、最初の二年間はサクラと私の闘いの記録といってもいいほど、こだわりの強いサクラと私の思いがぶつかりあっていました。とくに登降園時の身支度やかたづけなどでは、「時間がない」「早く」と焦る私の思いに反してサクラがのんびり行動するので、私はすっかり彼女に嫌われているものと思い込んでいました。その時に、他の先生方から、「トモミ先生の後ろで同じことしてるよ！　きっと大好きなんだね」と言われ、ハッとしました。そしてよく見てみると、小さくなった私がそこにいるようでした。そこで私はサクラの担任として自分に自信が持てるようになりました。

活動に追われると、なかなか子どもたちの気持ちに寄り添うことができなくなり、思う存分やらせてあげたい気持ちと、やらなければならないこととの間で揺れ動く自分に気づきます。保育者の思いだけが先行すると、子どもたちの思いは目の届かないところにいってしまいます。保育者の思いと子どもの思いがほんとうにつながったとき、気持ちを共有することができるのでしょう。サクラの記録を通して、私はその時その時でいろいろな気持ちをサクラと共有することができました。

2 「友だちより先生大好き」ユウイチの「学びの物語」

豊かな知識を持ち、友だちと遊ぶことよりも先生と関わることを楽しんでいたユウイチ君。保育者が見方を変えて、ユウイチの個性や興味を理解していくと、彼の成長が見えてきました。さらに、ユウイチの興味を発表会につなげていくことで、保育者も保育の質も変わっていきました。子どもの側に立って見ていくことの大切さを学んだもうひとつの記録、ユウイチ君の学びの物語を紹介します。

1)「今日もくっつきます！」の年中組ユウイチ

年少組で入園し、初めての集団生活ということや、家庭とは違う幼稚園という環境に不安を抱いていたユウイチ。周囲の子どもたちはしだいに幼稚園に慣れていくなかで、不安な気持ちを変

じゃがいも　どこかな？

えることができず、泣くことが多かったため、保育者はずっと気になっていました。年少組の三学期頃には、保育者の言動に興味を持って、「先生は今、子どもたちのために作っているんですね」と言ったり、自分の興味（働く大人や虫や海の生き物など）について、大人っぽい口調で「昨日は東北電力の光回線の工事があったんですよ」「イルカちゃんは哺乳類なんですよ」などと保育者に説明したりする姿を見せるようになりました。

また、保育者のそばで遊ぶようになり、砂場の枠の丸いところに着目し、指で押して「三番テーブルまぐろお願いします」と寿司屋に行った時の経験を再現したり、ベビーカーを救急車に見立ててサイレン音そっくりの声を出したりなど、人とは違う点に着目したり、独特な発想をしたりする姿も見られました。

年中組に進級し、初めは進級した喜びからか、はりきって登園していたのですが、五月の連休明け頃から、再び不安な様子が見られるようになりました。つねに保育者のそばで行動しているユウイチに対して、「どうして泣くんだろう?」「年中児なのに先生にくっつかせておいていいのかな?」「ユウイチの遊ぶ力を育てるってどうすればいいんだろう?」と悩みました。そんな時「学びの物語」の研究のスタートが重なり、ユウイチのことを記録してみることにしました。

■事例2　年中みどり組　ユウイチの学びの物語　記録者：鈴木三枝子

◇5月下旬　【今日も先生にくっつきます】

登園時、玄関で母親と離れがたい様子。保育者が名前を呼ぶと、涙目になりながらも入ってきた。いっしょに保育室に入ると「今日も先生にくっつきます」と大きな声で言う。保育者が「はい、いいよ」と答えるとニッコリする。

自由な形態の遊びの間、ずっと保育者のそばをついて歩いている。「先生かわいいねぇ」「先生何してるんですか？」など保育者に向かって言う。

保育者がロッカー室で着替えをしている幼児につきあったりして見えなくなると、泣き出す。ユウイチに「ちょっと職員室に行ってくるね」と声をかけ、職員室へ向かうと、途中まではついてきたが、職員室の手前にある年少もも組の保育室の前に来ると立ち止まり、そこからじっと保育者の様子を泣きながら見ている。

昼食後、もも組の補助のユウコ先生が手伝いにみどり組の保育室に入ってきた（この時期のもも組は、降園が早いため、いつも、もも組降園後はみどり組の保育補助のために来てもらっている）のを確認すると、担任以外にも自分を見てくれる相手ができたと安心したのか、元気になる。

――涙目で保育者をじっと見つめるユウイチの姿を見ていると、泣くのをやめさせたい、私の接し方が悪いのかな？　と悩みは大きくなっていました。これまでも、職員室で悩みやグチを繰り返してきて、ほかの先生方に聞いてもらい、励まされてきたのですが、この記録を後から自分で読み返してみても気が滅入るほどでした（後に、「あの時のミエコ先生には、影があった」と言われました）。こうして記録にし、いろいろな人の目で見てもらった「意見交換」の場でも、「保育者の余裕のなさをユウイチが敏感に感じ取って、よけいにとまどっているのではないか？」という意見が出され、自分が情けなくなりました。

しかし、余裕がない私の目では見えなくなっていたユウイチの心情や、個性的な良さ、今後につながるヒントのような意見も出されました。

・自分が思いを寄せた人や物、身近な生活の出来事などは細かく見ていて、自分なりに理解し、それを言葉で表せる力がある。

・まずは、ユウイチが安心して幼稚園で過ごせるように援助していくのがいい。保育者の姿が見えなくなると不安になるようなので、やむを得ず場を離れる際には、保育者の身代わりとなる人形などを預けてみてはどうか？

・ユウイチが今、興味関心をもっているのは、自分にとってごく身近な大人の姿なのではないか？　「興味関心をもつ」ということは、たとえ行動に移さなくても、よく見ているということも含まれるのではないか？

さまざまな意見を受けて、「泣いてばかりで大人がそばにいないと遊べない」という点にばかり気をとられ、「みどり組になったのだから……」という思いから、年少時のように抱っこしたり手をつないだりすることを避けていた自分に気づきました。

そして、「ユウイチが興味関心をもっていることに保育者が付き合っていくことを繰り返していけば、必ず、熱中できる遊びが見つかるはず」という意見に背中を押され、「次はどうする?」を自分なりに考えました。

〔次はどうする?〕

・年少時に母親と離れることができるようになった頃、母親のハンカチを握りしめて過ごしていたことを思い出した。保育者もユウイチの見えるところから離れる場合には、身代わりにハンカチを持たせてみようかと思う。また、離そう離そうとするのではなく、スキンシップを図りながら受け止めたり、保育者の次の行動を知らせたりしていくようにしたい。

・最近実際に見てきた電車の連結や、家庭で飼育しているアマガエルの生態などに興味関心をもっているようなので、保育者がいっしょになって電車の連結ごっこをしたり、クラスで飼育しているザリガニやオタマジャクシの世話をしたり、図鑑を見たりしていきたい。

――意見交換を終えた翌日、あらためてユウイチの様子をよく見てみようと思った時、すもうごっこの場面で、なかなか自分からは遊びだせないと思われていたユウイチが、じつは興味をもって他の幼児の遊びの様子を見たり、つぶやいたりしていることに保育者が気づき、おもしろいと感じたことがありました。

◇5月30日　【座布団投げなきゃ…】

ユウイチは、登園後からずっと保育者と手をつないで行動をともにしている。テラスですもうが始まった。保育者が「先生もおすもうしてくるね」と言うと、ユウイチは「がんばってね」と手を離した。保育者や友だちとすもうをとる子もいれば、小さい積木を二つ持ってきて拍子木のように叩く子もいる。軍配を作って行司になり「はっけよいのこった」と言う子も出てきた。ユウイチは友だちや保育者がすもうしている様子を見ながら、「これは本場所かな……」とつぶやいた。保育者が「マサト君は力が強いねえ」と言ったのを聞いたユウキが「朝青龍だね」と言うと、ユウイチはうれしそうに「朝青龍！　朝青龍！」と飛び跳ねた。マサトが負けた時、ユウイチは「座布団投げなきゃ……」とつぶやいた。保育室に座布団は見当たらなかったので、職員室にあるかもしれないことを伝えると、一人で職員室へ行き、クッションを借りてきた。土俵の脇でじっとすもうの様子を見ていて、マサトや保育者が負けると投げる。

かたづけの後、着替えをしている幼児を見るために、保育者がロッカー室に入ろうとすると、涙目になって保育者を見つめていたので、「これ、先生のハンカチ、先生の代わりに持ってて」

と手渡すと、ハンカチをぎゅっと握り締めながらも、保育室で「走って走って」のリズムをする。保育者が保育室に戻ると、「はい」とハンカチを素早く返してきた。

〈振り返って気が付いたこと〉

登園時、年少組の時のようにユウイチに手を差し伸べると、びっくりしたような表情をしたので、やはり、「先生と離れてがんばらなくては」と気負っていたことがわかった。手をつないだりひざに乗ったりしていてもいい、遊ばないで見ているだけの時があってもいいんだと思うと、安心していられるようだった。保育者の身代わりにハンカチを手渡す作戦も、たったそれだけのことでも意外と心強くいられるようだった。

すもうはしないで見ているだけのユウイチの姿も、見方を変えると、実際のすもう中継をテレビで見た経験から、他の幼児とは違った点に着目し、かなり詳しい事情（横綱が負けると座布団が投げられる）まで理解している、と受けとめられた。彼なりの参加の仕方があっていいのだと思えたことで、保育者の気持ちも軽くなった。

また、自分が知っていること（朝青龍の名前）をユウキも知っていたことに嬉しさを感じた様子で、これまで、保育者がユウイチの独自の発想を受け止めたり共感したりした時に見せる「目を輝かせるようなうれしそうな表情」と同じ表情をしたことに気がついた。

出発するぞ～！　いいかい？

――やがて、保育者から離れて動きだしたユウイチ。すると保育者は欲が出て、今度は「友だちといっしょに遊ばせたい」と思うようになってしまいました。

◇6月16日　【今ちょっと離れて、つぎ合体するよ】　記録者　教育実習生

（実習生の記録より）

ユウイチが積木とハンドルで作った乗り物のようなものに乗っている。

ユウイチ「先生！　車が海に入ります！」

実習生「これは海に入れる車なの？」

ユウイチ「そうですよ。後ろに砂のうがあるの」

実習生「砂のうって何？」

ユウイチ「砂が入っている袋ですよ」

保育者が近くを通りかかると、ユウイチが「これ、合体できる車なんですよ」と話しかけてきた。ハンドルの下の積木の前にBブロック（断面がBの形をしたブロック）を一つ置いている。ユウイチのイメージを聞きながら、積木の乗り物と舞台をBブロックでつないで合体できるように作ってやった。ユウイチはさっそくブロックで合体させ、運転を始めた。マサトがやってきて「何やってんの？」と聞いた。ユウイチは何も答えない。保育者が「先生もよくわから

ないからユウイチ君に聞いてみて」と言うと、マサトはユウイチに向かって「何やってんの?」と聞いた。ユウイチは「あのね、合体してんの」と答えた。マサトは、ユウイチの隣にそっくり同じものを作り始めた。

ユウイチ「マサト君も合体するの?」

マサト「うん」

すると、ユウイチは、離れたところへ積木ごと移動してしまった。マサトに背を向けるようにハンドルを置いた。

マサト「ユウちゃんそっちに行っちゃうの?」

ユウイチ「今ちょっと離れて、つぎに合体するの」、ユウイチはその場を離れ、戻ってこなかった。

この場面では保育者は気づきませんでしたが、後から実習生に話を聞いたところ、「砂のう」がついているというイメージを伝えていて、ユウイチの自分の興味に対する観察力や探求心の強さに感心するとともに、そのあたりを実現できるようにしていったら、おもしろかっただろうなと思いました。

おもしろそうな様子には、興味をもった周囲の幼児が近づいてきます。このようなかかわりをきっかけに、ユウイチが周囲の幼児とかかわっていけたらいいと思い、「合体」のきっかけを作って（今思えば、なんとか友だちとつなげようとした保育者の思いが見え見えなのですが）みたものの、ユウイチは自分からその場を離れてしまいました。そういえば、他の場面でも、保育者がユウイチに「まぜて」を促しても、その場から逃げるようにいなくなったりする姿が思い出され、年中組のこの時期に、先生とばかり遊んで友だちとあまりかかわらない姿でいいのだろうか？と、新たな悩みが出てきました。

しかし、この記録を「意見交換」の場で話し合うと、またもや保育者にとっては予想外な意見が出されました。

・乗り物に興味をもつということは、自ら動こうとする気持ちの表れなのではないか？
・キーワードは「合体」。だれか人といたいという気持ちが内部にはあるのではないか？　しかし、人と関わる怖さもあるのだろう。
・ユウイチにとって「入れて」「まぜて」などと言って遊びに入るのは、ハードルが高いのではないか？　「入れて」と言って、相手がどんな反応を示すか予想がつかないし、断られることはいやだという気持ちが強いのだと思う。うまくいかなかった経験があるため、逃げるという行動は先が読めているということなのかもしれない。「入れて」「まぜて」を言わせようとするよりも、自然に入って遊んでいるような体験のほうがいいのではないか？

「自ら動こうとする気持ち」「だれかといたい気持ち」があると考えると、ユウイチは確実に成長しています。また、これまで当たり前のように「入れて」「まぜて」を言わせようとしてきたけれど、ユウイチにとっては負担になっていたことに気づかされました。ユウイチのように思う子もいるんだ、「まぜて」と言うだけが参加の方法ではないんだと、なんだかカルチャーショックを受けたような気になりました。

そこで、改めて、ユウイチの興味に寄り添いながら、友だちとのかかわりも焦らずに見ていこうと思いました。

2）遊びで再現するユウイチの独特の興味

六月以降のユウイチは、その個性を遊びの中で見せるようになり、友だちとのかかわりも少しずつ見られるようになってきました。たとえば、次のようなことです。

・「イザリウオ」や「チンアナゴ」の絵を、水族館に見立てて積木に貼って置いたところ、他の幼児がその場を利用して遊ぶ姿をユウイチが楽しそうに見ていた。

・よじ登って遊べるように設定した場で、ユウイチが大好きな絵本『１００かいだてのいえ』（岩井俊雄著　偕成社刊）のイメージで遊びだしたところに、他の幼児が興味を持ってやってきた。

そのような記録の中で、「高いもの・山」（後に、ユウイチ母からの情報で気づかされるのですが、ユウイチはこの頃、高いものに興味を持っていたようです。この気づきが、たのしみ会の演目へつながっていくことになります）に関するものをひろってみると、

・火山の内部のマグマがたまっている様子を描き、空の上の方を「成層圏の空」と名づけていた。（9月末）

・砂場で大きな砂山を作っている様子を、そばで見ていたユウイチ。誰かが「爆発だ！」と言っているのを聞いて、「火山のマグマがガアーン！」とうれしそうに言っていた。（10月17日）

・砂場でユウイチが一人、砂山を作っている。保育者が通りかかると、「これ、エベレストですよ。がけ崩れなの」と言った。近くでノゾムが穴を掘っていた。穴はかなり深い。保育者がのぞきこんでいると、ユウイチが近づいてきて「隕石が落ちたみたい」と言った。保育者「隕石？」、ユウイチ「地球に落ちると大きな穴になるんだよ」。そこへ、コウタがやってきた。ノゾムはコウタに「見て！　見て！　隕石」と言い、ユウイチは穴をじっと見ていた。（1月21日）

・降園時に帰り道が同じチエと気が合い、いっしょにジャングルジムにのぼり、「吾妻山の噴気も見えるか～い？」（吾妻山＝福島市郊外の火山、噴煙が出ている様子が園庭から見える）と保育者に言う。（1月14日）

ヤッホー！　高くのぼれたよ

などの姿が見られ、ユウイチなりに周囲の幼児との距離を縮めていることがわかりました。

このように独特の興味とセンスを見せて、遊べるようになったユウイチ。ユウイチが自分の興味を追求したり、遊びの中で再現したりできるように保育者が援助していくことで、自然と友だちとのかかわりも生まれていることがわかり、それまで「この時期はこんな遊びが望ましい」というお手本のようなものに、保育者自身ががんじがらめになっていたことに気づかされました。「独特の興味やセンス＝友だちといっしょに遊ぶ時には不利」と思っていたのが、「おもしろい」と素直に共感できるようになり、ユウイチのことを見るのがどんどん楽しくなっていきました。じつはユウイチなりにこの時期のねらい（相手の動きを感じ取りながら遊びを進めていく）を達成しているのではないか？とさえ思えるようになりました。

そう考えると、これまでも附属幼稚園で行ってきた「幼児の遊びの中から題材を拾って、劇などのストーリーに組み込み、たのしみ会（発表会）で保護者に見せる」活動も、これまで恒例のようになっていた出し物（踊り・こま回し・縄跳び・虫について調べたことを話す・工作したものを見せるなど）以外にも、ユウイチの個性を生かした内容にするのもいいのではないか？というワクワクする気持ちがわいてきました。しかし、たのしみ会で「山についての研究発表をする」というこれまでにない出し物に、他の先生方や保護者はどう思うだろう？という不安もあり、職員室で相談してみたところ、「おもしろい！　ぜひ、やってみて！」と背中を押してもらい、実践しました。その楽しい物語です。

◇1月中旬　【ユウイチの興味をたのしみ会につなげたい】

ユウイチの母親から「最近、高いものに興味を持っている」という情報を聞いた。鉄塔やアンテナ、宇宙や火山などに興味があり、家庭でも自分なりに絵を描いたり、母親にいろいろ質問してきたりしているという。自由な形態の遊びの中でも、火山の絵を描いて「これは吾妻山ですよ」と保育者に見せにきたり、登園後「今朝は吾妻山の噴気がはっきり見えますね」と保育者に話しかけてきたりすることがあった。そこで保育者は、実際に吾妻山に登った時に、噴煙を間近に撮影し、その写真をユウイチに見せた。ユウイチは喜んで「ユウちゃんのママにも見せていい？」と家に持ち帰った。その後も、毎日のように吾妻山の絵を描いては、保育者に見せ、あれこれ説明してくれた。

たのしみ会が近づいていたこともあり、劇の中でユウイチの良さが発揮できる機会を作りたいと保育者は考えた。ブレーメンの音楽隊のストーリーをアレンジした「ブレーメンへ行こう！」という劇の中で、ニワトリ博士が研究していることを発表するという内容で、子どもたちに話を聞かせた。

ニワトリ博士は屋根の高いところに隠れて泥棒をやっつけたということを強調すると、すぐに、「ユウちゃんは、ニワトリになりたい」と自分から言ってきた。保育者が準備したＯＨＰシートに、ユウイチはさっそく、ふだんから描いている吾妻山と噴煙の絵を描き始めた。噴煙の脇に大きな？マークを描いたので、保育者が「これは何？」と聞くと、ユウイチは「この煙は何だろう？　謎の噴気だなっていうことだよ」と答えた。もう一枚のシートにマグマを描けば、合わせた時に噴火しているように見えることを知らせると、ユウイチはシートを合わせながら、マグマを描いた。ちょうど、浅間山の噴火のニュースも出ていたころだったので、ユウイチの希望で浅間山のシートも作った。

◇2月10日　【ニワトリ博士の研究発表】

たのしみ会では、電車の研究を発表するノゾムとともに、ニワトリ博士役を演じた。大勢の保護者と年長児の前で、堂々と「これはマグマです。マグマはストローみたいになっているとこから噴きあがって、下の方まで流れちゃいます」など説明しながら発表をした。また、ノゾムが電車の研究を発表する際にＯＨＰシートを押さえるなど、協力する機会も作った。

◇2月12日　【たのしみ会　その後】

砂場で山を作っていたアッシが、近くにいたユウイチを呼び止め、「これ、火山だよ」と言った。ユウイチも手で砂をすくい、山を作ることに参加した。ノゾム、ナオトも参加し、どんどん大きな砂山になっていく。だれが歌い出したかはわからなかったが、「ようちえんのおやま～♪」（附属幼稚園の愛唱歌）と歌い出し、ユウイチも大きな声で歌いながら、山を作っていった。砂山の上から水をかけたナオトが「ユウちゃん、これは大噴火ね」と言ったので、ユウイチもうれしそうに「うん。大噴火ね」と答えた。

たのしみ会では、ユウイチらしさを発揮する機会を作ることができたと思います。予想外だったのは、たのしみ会後の遊びの様子です。ユウイチ自身の興味の追及や、自信を持ってみんなの前に立ったことが、周囲の幼児にも認められ、新たな友だちとのかかわりを生み出すきっかけにもなったことがわかりました。これはとてもうれしい誤算でした。

その後の意見交換では、

・ユウイチの関心は、他の幼児とは違うマニアックな面に向いているようだが、そのマニアックなところがうれしいのだろう。細かいところにこだわれる相手を欲しているのではないか？研究する人や何かを貫く人への関心や憧れを抱いているのかもしれない。しかし、周囲の幼児にユウイチと共感できる相手を見つけるのはむずかしいかもしれないので、保育者がクッションになっていくとよいのではないか？

・たのしみ会の後に、砂場で火山を作る場面に見られるように、周囲の幼児が、ユウイチの言葉と自分なりの捉え方を部分的につなげて考えられる場合もある。まずは、保育者が双方を受け止め、つな

がっている部分を意識できるようにしていくといいのではないか?
・ニュースや図鑑で見た吾妻山の噴煙と、保育者が渡した実際の写真とが、結びついた瞬間、感動が生まれたのだろうか? どこかで見た知識を自分で確かめて納得したい気持ちが育ってきているのではないか? 知識と結びつく瞬間がきた時に、どんな感情を抱くのか、今後が楽しみである。
・ユウイチの火山のように、一人の興味がいろいろな方向へ広がって、クラス全体に波及するような保育は可能か? ともすれば、個人の突出したところ(個人の育ち)と、みんなといっしょにやること(クラスの育ち)、その二つのことを進めていくことは、むずかしいこととも思える。また、幼児一人ひとりの関心と保育者の関心が合致する場合とそうでない場合もあるので、保育者自身が常にいろいろな方面への関心を向けていくことも大切だが、クラスの幼児と保育者の関係の中で、そのクラスの特徴が表れるのもいいのではないか?
という意見が出されました。

これを受けて、「保育者がクッションになれるように、ユウイチの世界に近づきたい」「ユウイチが知識を自分で確かめて納得している瞬間を見たい」と思いました。

そして、「一人の興味がいろいろな方向へ広がって、クラス全体に波及するような保育」をしてみたいと考えました。「ユウイチ君の興味が広がって、来年のき組(年長)は、山登りの遠足なんていうのも、ありなんじゃない?」という、他の先生方からの言葉に、目の前がパーっと開けるような、期待がもてました。

3）ユウイチの「学びの物語」から、学んだこと

年長組に進級したユウイチを、周囲の子どもたちは「ユウちゃんは、みんなが知らないことを知っていて、すごい」と言うようになりました。じつは、年長組に進級したばかりの頃も、新しい環境などが不安要素になって、またまた保育者にくっついて過ごす日々だったのですが、一年前よりは、保育者も余裕をもって見られるようになり、悩みはありつつも、「この時期だからこういう姿でなければならない」という、今思えばおかしなプレッシャー（自分で勝手にプレッシャーをかけていたように思います）につぶされそうになることは回避できました。

そして、ユウイチは、少しずつ友だちを増やし、世界を広げていきました。テレビ局ごっこをしている輪の中にアナウンサー役として参加したり、遠足で東北本線に乗った時、「駅で機械に吸い込まれた切符は、その後どうなるんだろう？」というユウイチのつぶやきがきっかけになって、駅長さんごっこに発展し、電車や路線図が好きな友だちとイメージを伝えあいながら遊んだりする姿が見られました（年長組のたのしみ会は「駅長さん」役でした）。

運動会では友だちと協力して「火山噴火の表現」をしたり、「吾妻おろし」（吾妻山から吹く風）という曲に合わせて太鼓を披露したりしました。ユウイチはとてもはりきって「クラスの中の大

切なひとり」の役割を見事に果たしました。

「学びの物語」を通して、ユウイチの姿を見ていくことで、さまざまな収穫があったのですが、大きくまとめると次の二つになります。

一つは、子どもを肯定的に見ることは、保育者にとっても、その子にとっても、そしてその子を取り巻く子どもたちにとっても、良い影響を及ぼしたことです。

ユウイチが興味をもったことを、保育者が肯定的に認めていくことは、ユウイチが熱中する姿につながり、ユウイチの自信につながっていきました。するとその肯定的な波は、しだいに友だちにも波及し、自然とコミュニケーションが生まれ、ユウイチがクラスの一員として、責任を果たす場面も見られるようになりました。保育者にとってこの経験が、その後、また新たに出会った子どもたちを見るうえで、とても役に立っていることは言うまでもありません。

もう一つは、保育者自身が自分の保育を肯定的に考えられるようになったことです。自分で自分を肯定的に……というのは、おかしなことかもしれませんが、「この時期は、母親と離れて過ごせるようになっていないといけない」とか「この時期は、友だちと遊べるようになっていないといけない」などと思い、「それができていないのは、私の指導力がないからだ……」と自信がなくなっていました。それゆえに指導計画に書かれたことを着実にこなそうとすることになり、「自分らしい保育」なんてとても考えられない状況でした。職員室で毎日のように話していたことも、単なるグチに過ぎず、なかなか前向きに考えることにはつながりませんでした。

たのしみ会（発表会）のような行事に関しても、例年通り無難にこなそうとしていたのかもしれません。ユウイチだけの遊びを劇の中で生かすということは、私にとってはある意味冒険でした。結果的に、やってみてよかったと心から思いました。毎日の保育が終わった後の職員室でも、大学の先生が入る意見交換でなくとも、いろいろな意見交換ができるようになり（以前からほかの先生方はいろいろな意見を出してくださっていたのに、私にそれを聞く余裕がなかっただけなのかもしれませんが）、「いろいろな見方や考え方があってもいいんだ」「私と目の前の子どもたちで創っていく保育を前向きに考えていきたい」と思えるようになりました。

年少組のおひな様

第2章

「学びの物語」によって、保育の場に何がおこるのか

「学びの物語」は、ニュージーランドで開発された、子どものアセスメントの革新的な方法です。「学びの物語」は、これまで見てきたように、「五つの姿」に注目して子どもの育ちや行動を評価するというごくシンプルな方法であるにもかかわらず、それがなされると、保育の場の、さまざまな人々——子ども、保育者、保護者——のなかに、広範でかつ大きな変化をもたらします。しかも、その変化は、取り組んだほとんどの園に共通しています。

福島大学附属幼稚園ではまず、何人かの子どもに注目して記録をとり、話し合いをし、そこから見えてくる子どもたちの学びの姿を読み取っていくことから実践が始まりました。第一章では、その中で保育者の子どもの見え方がどのように変わっていったかという点を中心に報告しました。対象にしたのは数人の子どもたちでしたが、見え方の変化はクラスの子どもたち全体にも広がり、それが子どもとのかかわりや保育の進め方そのものにも大きな変化をもたらしました。第二章では、学びの物語によって保育の場にどのような変化が生まれたのかを、実際の記録をもとにしてたどってみたいと思います。

1 子どもが肯定的に見えてくる

1）肯定的に「見る」のではなく、肯定的に「見えてくる」

「学びの物語」によって生じるもっとも大きな変化は、一人ひとりの子どもの姿が保育者に肯定的に見えてくることです。とくに、それまで育ちに「気になる点」や問題点が多く見えていた子どもほど劇的に変化します。

ここで注意してほしいのは、「学びの物語」は子どもを「肯定的に見なければならない」と主張するものではない、という点です。「育ちの気になるところ」や「問題と見える行動」にばかり目を向けないで、「子どものいいところを見つけよう」とか、「できるだけしからないで、ほめよう」ということを保育者に求めるものではありません。

そうした「あるべき見方」として肯定的に見るのではなく、「学びの物語」は、子どものありのままの姿として肯定的に見えてくるのです。これまで、「問題行動」や「気になる育ち」として見えていた同じ行動が、子どもが「学んでいる姿」として見えてくるのです。

そうした変化をここでは、次の事例「スーパーねずみ色」に沿ってみてみます。

■事例3　年長き組の「スーパーねずみ色だ！」

記録者：阿部　智実

◇5月13日　【スーパーねずみ色だ！】
ショウ、ヨシヒロ、タカシがころがし絵の活動（ビー玉を色水につけて画用紙の上に転がしていく活動）に参加したのは、「やりたい！」と幼児たちが殺到した後で、その場にだれもいなくなった時だった。いろいろな色につけたビー玉を転がして活動に夢中になっていると、タカシのビー玉から青の絵の具がポタッと黄色の容器に落ちた。

タカシが「あっ、入っちゃった！」とあせると、それを聞いて三人が容器の中をのぞき込んだ。そして絵の具がマーブル模様のようにまじりあっていく様子をじっと見ながら、ヨシヒロが「まざっていくね」と言い、容器を手に取ると揺らしてみた。ショウが中をのぞいて「緑になったぞ！」と驚く。

少し時間をおいて、ショウは「まぜてもいい？」と保育者に尋ねた。保育者が「いいよ」と答えると、三人は「やったー！」と全部の容器を集め、混色を始めた。そしてあっという間に全色まぜて灰色になった。その中にビー玉を入れて持ち上げたショウはビー玉を見つめて「スーパーねずみ色だ」とつぶやいた。そしてうれしそうに、ヨシヒロやタカシに「ほら、スーパーねずみ色だぞ！」と言った。

ヨシヒロ、タカシも「どれ？」「スーパーねずみ色、見せて！」と言い、「ホントだ！　スーパーねずみ色だね」と言った。作品が乾いたので壁にはっていくと、ショウの作品はビー玉の軌跡が跡形もなく消えて灰色になっていた。保育者が「ねえ、ショウ君、ビー玉転がしたところにスーパーねずみ色かけちゃったの？」と尋ねると、ショウはニッコリ笑ってうなずいた。「ショウ君、ビー玉の跡が見えなくなっちゃったよ」と保育者が言うと、ショウは誇らしげに「いいんだ！」と言った。

できた！　スーパーねずみ色！

〈振り返って気付いたこと〉

色のついたビー玉をそのまま別の色水につけると、色がまじりあって汚くなってしまうことから、ビー玉を水で洗ってから別の色につけるようにしていた。しかし、偶然タカシのビー玉から落ちた絵の具がまじりあったことから、三人は混色に興味が移っていったようだ。はじめタカシはとてもいけないことをしてしまったようにうろたえていた。ショウとヨシヒロは色がまざっていく様子をじっと見たり、別の色が生まれるところを目の前で見たりして色を作り出すことに興味をもった。タカシも二人の様子や色の変化を見て、しだいに心が動いていったようだ。ショウが「まぜてもいい?」と尋ねてきた時、おそらく全色まぜて暗い色（限りなく暗いグレー）になるだろうと予想したが、ほとんどの幼児が活動を終えていたこと（三人も作品はできあがっていた）と、絵の具が残り少なかったことから、やらせてみてもいいだろうと考え「いいよ」と答えた。

自分たちで色をまぜあわせられることがとてもうれしく、さっそく行動に移ったが、やはり全色をまぜあわせてグレーになってしまった。しかし、ショウはそのグレーを「スーパーねずみ色」と名付け、自慢げに二人にみせびらかした。しかも、それを作品の上に流してしまったらしく、保育者は「せっかくの作品にどうして?」と残念に思った。そして作品を展示することで本人に「僕のだけへん」とか「まずい!」と思わせたかったが、本人はよほどその色が気に入ったらしくまったく残念がる様子は見られなかった。

ショウ君は、色を全部まぜてできた色水を、直前に仕上げたころがし絵の作品にかけてしまって台無しにしてしまいます。その色水はどう見てもきれいな色ではなく、保育者は「変な色だ」と彼に気づかせようと働きかけをします。しかし、まったくそうした働きかけは効を奏しません。ショウ君は「スーパーねずみ色」と名づけて感激の面持ちで、誇らしげに友だちに見せにいくほどなのです。

保育者は、なぜショウ君がこの色水に魅力を感じたか、そのときには理解できませんでした。しかし彼を引きつける何かがそこあったのかもしれないと、どこか引っかかるものが残ったと書いています。こうしてその日から、ショウ君の「視点」――つまり彼から見た世界のありさま、関心の持ち方――を保育者は探究しはじめます。そして物語は次のように展開します。

■事例3―2 「これがスーパーねずみ色だ！」 記録者：阿部 智実

◇6月10日

活動の後、ショウは度々「スーパーねずみ色」という言葉を使い、保育者もショウをみるとスーパーねずみ色の話をするようになった。

◇7月中旬

プールに白い紙を敷き詰めて絵の具のぬりたくりをした時も、絵の具がどんどんまざりあって暗くなってくると、学級の子どもたちが「スーパーねずみ色だ！」「スーパーねずみ色ができた！」と言葉に出す姿が見られた。

数日後、プールが終わって着替えをしている時、数名の男児が「スーパーねずみ色」と言っているのが聞こえたので近くに行ってみた。すると、頭を突き合わせてプールのバッグに描かれたトミカの車を指さしていた。「これは○○（車名）だよね」とマモル。「やっぱりオレはこれがいいな」とショウ。その先にはシルバーメタリックのスカイラインがあった。

保育者が「この車がスーパーねずみ色なの？」と尋ねると、ショウは保育者の目をまっすぐ見つめてうなずいた。「ショウ君はこの車が好きなのね。かっこいいものね。先生もこの車、好きなんだ！」と言うと、ショウは目を輝かせて保育者を見つめニヤッと笑った。

〈振り返って気付いたこと〉

ころがし絵の活動時から、せっかくの作品を消してしまうほどスーパーねずみ色が気に入っているショウのことが気になっていた。そこで、ショウにスーパーねずみ色の話題を投げかけていくようにした。クラスの他の幼児たちも「スーパーねずみ色」という言葉にすっかりなじんで、絵の具の活動のときに的確に使っていた。「スーパーねずみ色」という響きに何か魅力があるのだろうか。いろいろ考えていたが、プールの着替えの場面でその謎が解け、保育者自身がすっきりとした気持ちになった。

ショウはシルバーメタリックのスカイラインが大好きで、スーパーねずみ色はその大好きな車の色。「シルバーメタリック」という言葉は知らなくても、自分の大好きな色は、単なる「ねずみ色」ではなく「スーパーねずみ色」なのである。ショウはその色を作り出したことがとてもうれしかったのだろう。そういえば、まじり合って生まれたねずみ色は、ビー玉の輝きではんとうに車のメタリックのように見えた。ショウにとっては「全部まぜて汚くなった色」ではなく、「自分で作った大好きな色」だったのだ。それがわかったことで保育者も素直に会話に入っていくことができ、「ショウ君はこの車が好きなのね。かっこいいものね。先生もこの車、好きなんだ！」と心から共感し認めることができた。ショウも自分と同じ価値観にふれ、認められたことでうれしさを表情に出していた。ショウとは心からつながれた気がした。

スーパーねずみ色のスーパーカー

数週間後のふとした子どもたちの会話から、「スーパーねずみ色」というのは「メタリックシルバー」というスーパーカーの実際の塗装色を指すものであることが——つまりショウ君の「視点」が——見えてきました。その子の視点が了解できると、「失敗や問題行動」という否定的な意味合いしか見いだせなかった出来事が、子どもの「学び」として見えてきます。ショウ君の行為は、「色の探究」に熱中し、「美的センス」を磨いている意味のある活動として見えてくるのです。

こうして当初は、否定的な意味合いしか見えなかったものが、「子どもの視点」にたって保育者がその行動の意味を探究し理解しようとすることによって、事実として肯定的に見えてくる——これが「学びの物語」によって子どもが肯定的に見えてくるということの意味です。繰り返しになりますが、「学びの物語」は子どもの肯定的な面を見なくてはならないと求めるものではありません。「子どもの視点」に立ってその行動をありのままに理解しようとすること――これが「学びの物語」を使って保育者がやっていることです。

2）驚くような「学び」の発見

①内容豊かな学びの発見

「その子の視点」に立って、子どもが何かを真剣に取り組んでいる様子をありのままに見ていくと、そこにはまったく予想もしなかったような子どもの学びが見えてきます。これまでの事例からは、子どもの学びや育ちをみつめた保育者たちの驚きと興奮が伝わってくると思います。驚きをもって発見される子どもの「学び」とはどのようなものなのでしょうか。単に、それまで否定的な面ばかりが気になっていたのに肯定的な姿が見えてきたというのにとどまらない、幼児期の学びの生きいきした姿の発見がそこにはあります。

たとえば「石などを化石に見立てて」の事例を取り上げてみてみましょう。

■事例4―1　年中みどり組「石などを化石に見立てて」　記録者：阿部　智実

◇21年5月中旬　【「パズルみつけた！」】

リュウタが落ちていたケヤキの樹皮を拾ってじっと見つめていた。保育者が「これ、なんだろうね？」と尋ねると、しばらく考えてリュウタは「パズル」と言った。保育者が別の樹皮を拾って「これはどこのパーツだろうね？」と尋ねるとニコニコと笑って樹皮を集めた。そしてカズキ、ヒロシに「パズルみつけたよー」と走って見せに行った。

いい化石があるぞ！

◇5月下旬　【「これは化石だ！」】

ショウ、ヨシヒロ、タカシがどこからともなく石を拾って保育者のもとへ持ってくるようになった。バケツに拾った石を集めては、テラスの前に運び込んでいる。ある日、タカシが一つの石を「これ見て！」と見せにきた。そして「これは化石だ！」と言う。「石じゃないんだ？」と保育者が言うと、タカシは「ティラノサウルスの卵の化石だよ」と言った。「へー、じゃあこれは？」と尋ねる保育者にヨシヒロが「トリケラトプスの卵と、カメの卵だな」と言った。保育者は「そうなんだ」と驚いたように言った。

——附属幼稚園園庭の隅には、畑作りでいらなくなった石を一時置いておく場所があります。やがて子どもたちは、そこで自分の好みに合った石を見つけ、せっせと運んでくるようになりました。また、同じく園庭にある笹山の周囲には、大きな石が見えるため、それを掘り起こそうとするようにもなりました。それぞれに何かしら命名するのでユウコ先生がガムテープに名前を書いて貼り付けてあげました。すると、化石ひろいの動きは三人以外の子にも広がっていったのです。

◇6月上旬　【石を集めて】

アキラは、樹皮を集めると、「テンカトーイツ」「ダイ・コン」「トムトジェリー」などと名付けた。クラスの子どもたちが、石や樹皮を見かけると拾って運んだり、興味のありそうなショウたちに手渡したりするようになった。また、アキラの命名を聞いて、他の子どもたちも「テケテケ」「アリセンパイ」「イカオリガミ」「ヒラタイガニ」など、おもしろい名前をどんどん出してくるようになった。

——ユウコ先生が、ガムテープで名前をはってやったことが、遊びを広げるきっかけになり、自分で見つけた石や樹皮に命名しそれを書いてもらうことを楽しみに遊びはすすんでいきました。また、アキラの命名がおもしろかったことで、だれでも気軽に見つけた樹皮や石に名前をつけたりするようになり、遊びはさらに子どもたちそれぞれのなかに広がっていきました。

引き続いての記録です。

◇6月上旬　【博物館ができた】

拾った石は水で洗い、乾かした後で、テラスに置いたテーブルや積木の上にのせて博物館のように展示することにした。

博物館ができたこともあり、子どもたちはますます石を探すことに夢中になった。発掘作業にも慣れ、固い部分を掘り起こす時には水をかけて土をやわらかくしてからシャベルを使うようにもなった。そしてだいぶ大きな石も掘り起こせるようになっていた。しかし、地表に出てきたケヤキの根を掘り起こそうとして「まだだ～」と悩んでいたので、その場所を博物館にし、掘りかけの石やケヤキの根にもガムテープを張り付け名前を書いてやった。

◇6月上旬　【図鑑でも…】

登園すると園庭に飛び出し、石を拾うと部屋の中に作った基地にこもるヨシヒロ。そこで眺めている図鑑は「貝の標本の作り方」だった。

◇6月下旬　【雨の日は…】

雨の日は発掘ごっこができないため、絵筆を出してやり、「化石」の砂を筆でていねいに払いのけるようにすることを教えた。悪天候で発掘できない時にはそういう人々はどうやって過ごすのかに話題が集中し、保育者は「自分の部屋で研究してるのかもよ」と言った。

◇6月下旬　【雨の日は…その2】

ショウ、ヨシヒロ、タカシは雨が降った日、積木で乗り物を作ると、制帽（麦わら帽）をかぶって乗り込み、「探検に行くんだ！」と言った。

――さて、こうして石拾いにはじまった化石あそびは一学期中続き、夏休みになりました。そして迎えた二学期。さらに進化した形で化石は子どもたちの心に火を灯していたのでした……。

■事例4―2　化石物語　その後

記録者：阿部　智実

◇9月上旬　【石を組み合わせて】

二学期になっても石拾いは続いていた。初めは一つひとつの石を（恐竜の体の）部分に見立てていたが（トリケラトプスの角、ティラノサウルスの脚の爪などと）、それを組み合わせようとした。築山の裏に大きな石を並べて「セイスモサウルス」、部分的な石を持ち寄って「ウマライオン」など、恐竜の骨格標本や想像の生き物を作ったりして楽しむようになった。「ウマライオンには昔の人が乗っていました。ウマライオンの体はダイヤ（別のダイヤ型の石）で、しっぽはまだみつかっていません」「ティラノサウルスは七〇〇年前に生きていた恐竜です。一日に豚肉を一〇〇個も食べます」などと想像をふくらませ保育者に伝えてくることばを書いてやり、化石の解説のようにそばに貼ったり、置いてやったりすると、本人たちは喜び、ほかの子どもたちも何かの折に目にして楽しむようになった。

◇９月下旬　【「家から持ってきた！」】

ウマライオンに見立てた石の体に、翌日縄がかけてあった。見た目が古くさく、いかにも博物館の展示物らしい雰囲気を醸し出していた。保育者が「この縄、どうしたの？」と尋ねると、ショウが駆け寄ってきて「オレ！」と自慢げに言った。保育者は驚いて「えっ、ショウ君なの？　どこにあったの？」と尋ねると、「持ってきた！」と答えた。保育者がさらに驚き、「どこから？」と尋ねると、「家から！」とにやにやしながら答えた。保育者は解説に「昔の人が乗る時に使っていた縄も発見！　〇月×日」と書きいれた。

◇９月下旬　【「タカちゃんに渡さなきゃ」】

一見化石とは何の関係もなく遊んでいるように見えたヒロシが、ある日かたづけの時に石をせっけんで洗っていた。すっかりかたづけがすんでも、たらいの中にある石をていねいに洗っている。「ヒロシ君、かたづけ終わったよ」と声をかけると、「だって、これ、タカちゃんに渡さなきゃ」と言い、気がすむと「先生、これも乾かしておいて」と保育者に手渡した。

〈振り返って気付いたこと〉

長い夏休みをはさんだので、遊びが一変するだろうと予想したが、化石への興味はとだえることなく続いていた。見つけた石の形や大きさなどで、見立ても変わり、部分から全体像へと興味は移っていったようだ。また、全体のイメージに合わせるために、それに合う石を選んでくるようにもなった。それぞれが恐竜にたいしていだくイメージが違うために、こだわりや細かなところが食い違うこともあったが、保育者がそれぞれのイメージを聞き出し、図鑑と照らし合わせていくようにしていった。

ショウは幼稚園での遊びがずっとつながっていて、家で見つけた縄を「ウマライオン」のために持ってきた。よほど発掘ごっこに熱中していることがうかがえた。とくに発掘ごっこや化石での遊びに加わっていなくても、保育者が書き添える解説を通りすがりにながめたり、遊びの途中ふと足を止めて見入ったりして、だれがどんなことをしているのかを子どもたちなりに把握していたようだ。

——例年にない化石ブームのため、保育者は何らかの形で化石を運動会の競技として取り上げたいと考えるようになりました。そこで、本物の恐竜のような骨格標本を作り、不足部分の骨をとりつけて完成させる折り返しリレーをすることにしました。

◇10月上旬　【「これは脳みそだよ」】

骨格標本の本体（背骨と頭部、脚）を保育者が作っておくと、登園した子どもたちは驚いた。保育者がステゴサウルスとトリケラトプスにすることを知らせると、ショウ、タカシ、ヨシヒロはさっそく図鑑で調べ始めた。タカシは自主的に広告紙を巻いてトリケラトプスの角を作り始めた。保育者は慌てて使う材料（クラフト紙や段ボール）を提示し、ステゴサウルスの背中の板（段ボールに形を描いておいて）を子どもたちに切らせたり、子どもたちが細く巻いたクラフト紙を恐竜の肋骨にしたり、トリケラトプスの角を円錐形に丸めさせたりして組み立てていった。

組み立てるときにふと頭部の中を見ると、ステゴサウルスの頭部の中に小さな広告紙のかたまりがついていた。とても苦労してつけた様子がガムテープの貼りぐあいからうかがえた。保育者が頭部の骨を指さし、「これ、何かな?」と尋ねると、ヨシヒロがやってきて、「これは脳みそだよ。クルミの大きさなんだよ」と言った。

◇10月中旬　【運動会に向けて】

運動会の競技は、二人組でサファリカー（段ボールで作った車）に乗って化石の森へ行き、地層（箱の中）に手を入れて骨を一本取り出す。それをかごに入れて、二人で博物館の展示場（折り返し地点）まで運んでいき、骨格標本に組み立てる（マジックテープで簡単に接着できるようにしておいた）。戻ってきてまたサファリカーに乗って次のペアにタッチ、というルールで行った。タカシはリレーであるにもかかわらず、慎重に骨を選び、付きぐあいを眺めて納得してその場を離れる姿が見られた。

◇10月下旬　【その後……】

運動会の後も、恐竜ブームが続き、トシキやジュンヤなどが恐竜の名前を尋ねてきたり、恐竜になって動いたり、図鑑をながめたりするようになった。

〔振り返って気付いたこと〕

運動会に取り上げることにしたものの、どのような形で子どもたちに参加させたらよいのかが課題だった。トリケラトプスやステゴサウルスの骨格標本を子どもたちの手で作り上げることはできないからだ。しかし、職員で話し合い、本体を作っておいて、骨を作らせる方法にたどりついた。図鑑を見ながら、恐竜の特徴に気づいたり、自分の作ったパーツがどの部分になるのかを楽しみにしたりしながらそれらしく作ることができたのではないか。ヨシヒロはステゴサウルスの脳が自分たちのものよりも小さいことにとても興味があったらしい。保育者が表現しなかった脳みそにこだわり、自分で作った。運動会では、骨を選んだり付きぐあいを確かめたりするので時間がかかってしまうという反省点もあった。しかし、その後も形を変えて恐竜への興味は学級全体に広がっていった。

この事例は五月から十月の運動会まで、半年近くにわたって続く一連の子どもたちの記録ですが、かなりの長期間にわたって展開されたさまざまな活動を貫いているテーマ、子どもたちを強く引きつけている共通の関心とは、どのようなものなのでしょうか。

最初の記録は、落ちていた樹皮を拾ってじっと見つめ、リュウタ君が「これはパズルだ」と見立てたという出来事から始まっています。それから約半年後に、子どもたちのそれまでのさまざまな活動の一つの発展として、保育者は運動会の競技に恐竜の骨格標本をリレー方式で完成させる競技を選びます。当日、子どもたちはチーム対抗で早さを競うことよりも、各部の骨が正しく取り付けられたかにこだわったことが記録されています。つまり、運動会の競技もまた子どもたちには「パズル」なのです。はじめに「パズルのパーツ」を見つけ、最後の記録でも「パズルの完成」に取り組んだのです。子どもたちがやっていることには一貫した関心・テーマが流れているのです。

石拾い、化石ブーム、恐竜というテーマ……など、さまざまに名づけることができる多様な活動を貫いて子どもたちが探究しているもの、それは、その世界にある不思議なものを「分類」することです。

保育者の記録は、石や樹皮を拾い集め、それを何かに見立てている姿から始まっています。小さい子どもたちの見立て遊びとは異なって、彼らの興味関心は、「形」の類似性や「生物種」の共通性などを手がかりにして「分類」することとそれ自体にあります。「何かの一部」という見立ては、全体と部分との関係を意識した分類と言っていいでしょう。

こうした全体と部分との関係の意識化の次には、「分解」と「組み合わせ」が自由になされていきます。集めた石に対する一見自分勝手な、空想的な命名と見えるものは、そうした「分解」と「組み合わせ」を使って子ども自身が創造していったものと見るべきでしょう。そして、分類と組み合わせに熟練するにつれて、子どもたちは、発掘や化石探しという活動の中で、地面から顔を出している一部分からどんな形の石が発掘されるかを予想したり、さまざまな石を組み合わせて命名したりして、目に見えるわずかな手がかりから予測や推測をして楽しむようになっていきます。

さらに、保育者が提示するものや社会の文化財（絵本など）などを手がかりにして、子どもたちの関心はもっと広い世界の中にある「分類」「組み合わせ」「推測」に向けられていきます。（分類の殿堂である）博物館での展示、（未知なるものへの推測・探検としての）化石探し、骨格の組み合わせによる標本づくりへとその対象世界が大きく広がっていきます。それと同時に、そこで大人たちがやっている本物の作業――化石の復元作業、発掘作業、標本の作り方、「雨の日の研究」活動など――へと関心が深まり、その熱中が深まっていきます。

子どもたちは、こうした探究の中でさまざまなことを学んでいます。それは、世界共通の姿と言っていいと思います。その一例として、「学びの物語」が生まれる土台になっているニュージーランドの幼児カリキュラム「テ・ファリキ」の一節を紹介します。

そこには「探究」という領域が設けられ、その中には保育者が「自らの保育を振り返る視点」として次のような振り返りのための質問が挙げられています。

「・子どもたちはものを、何か意味のある目的にしたがって、集めたり分類したりする機会がありますか。

・子どもたちがものを分解したり、組み合わせたり、その結果どのようになるかをつきとめたりできるような機会がありますか。そしてこれらの機会は子どもの学びを促進する機会になっていますか」

そして、そうした機会の中で子どもたちが学んでいるのは、この世界を理解するための基本的な方法であるとして、次のように述べています。

「問題を立てたり解決したり、パターンを探したり、目的に従って分類したり、推測したり、試行錯誤を繰り返したり、論理的に考えたり、比較したり、質問したり、他の子どもたちに説明したり、他の意見に耳を傾けたり、反省的

粘土で作った動物「ねえ　見て！」

な議論・計画・観察・読み聞かせなどに参加することを通じて、この世界を探索したりその意味を知ったりするためのたくさんの方略を使うことに自信を深めていく」

このように子どもたちの学びは、じつに内容豊かな学びです。知識やスキルだけでなく、基本的な思考や探究の基本的な方法がそこには含まれています。この「化石ごっこ」につらなる一連の取り組みの中で、子どもたちはこうした豊かな学びを進めています。子どもたちの学びは、その後の学びの基礎をなす学びです。そのことに保育者は驚き、興奮するのだと思います。

②学ぶ意欲の発見

しかし、保育者が驚くのは、子どもたちが思考や探求の基本を学んでいることだけが理由ではないでしょう。もっとも大きな理由は、子どもたちが「自ら意欲的に」学んでいることにあります。

子ども自らが関心を持ち、熱中し、困難に立ち向かうなかで現れてくる学びには、子どもの強い意欲や大きな喜びがともなっています。子どもたちは、「分類」と「組み合わせ」と「推測」とを、自ら進んであきることもなく続けています。石集めへの熱中が一段落したかと見えたとき「基地」の中でヨシヒロ君が「貝の標本づくり」の本を熱心に読む姿や、想像上の生き物であるウマライオンを昔の人が乗りこなすために使ったであろう「古びた縄」をショウ君が家から見つけてきた経緯や、恐竜の骨格標本づくりの時ステゴサウルスの「クルミ大の脳みそ」を再現する

こんな大きいのとったよ！

ために、「小さな広告紙のかたまりを苦労して貼り付けようとする」粘り強く取り組む姿などから、探究する意欲やチャレンジを楽しむ姿勢が子どもの中に育ってきていることがうかがえます。自ら、あきることなく、集中して取り組んでいるとき、そこで身につけているのは「学ぶ意欲」です。

先に引用した「テ・ファリキ」は、乳幼児期の遊びや生活の中で子ども自身が獲得するのは、「学びの構え」であるとして次のように述べています。

「学びの構え――『心の習慣』ないしは『学びのパターン』とも言われるが――は、知識とスキルと態度が結合して発達するものである。学びの構えの典型の一つは、好奇心である。それは次のような要素からなっているものである。

・出来事について考える（puzzling over events）ことを楽しむという態度

・さまざまなやり方で質問することができるというスキル

・そうした質問をいかなる時にするのがもっとも適切であるかについての知識

学びの構えは、重要な「学びの成果」である。それは、教えられて身につくものではなく、伸びるよう援助すべきものである。」

ヨシヒロ君やショウ君が身につけているのは、まさにここで言う「学びの構え」です。子どもたちは、困難やわからないことに自ら選び、立ち向かい、それを楽しんでいます。継続する関心と時を忘れる熱中がそこにはあります。互いの発見や楽しみを理解しあい、友だちへの敬意が深まっていくかかわりが生まれていきます。そうしたものが保育者を圧倒し、保育者は自らが発見した子どもの学びに興奮します。

こうしたことは、どの国の保育者にも共通して生じる変化なのでしょう。「学びの物語」の開発者であるマーガレット・カーはそれを実践したニュージーランドの保育者たちが、子どもの肯定的な姿を「興奮しながら語った」と報告しています。

3）保育が楽しくなる

①子どもが否定的に見えているとき、保育者はつらい

一人ひとりの子どもの姿が肯定的に見えてくると、保育者は「保育が楽しくなった」「肩の荷が軽くなったような気がする」と言います。なぜ、保育が楽しくなるのか、その第一の理由は保育者が自分（と自分の保育）を肯定的に見られるようになるからです。

以前は「気になる点」や「育ちの弱さ」が目についていたその子どもが、肯定的に見えてくると保育者の表情は明るくなります。自分の保育者としての力量が足りないがためにそうなってしまったのではないか……と自分を責めるような気持ちが、心のどこかにあったのではないでしょうか。否定的に見えるというのは、保育者にとってつらいことです。

真剣な表情で手遊び

それは、子育て中の親にも共通する気持ちです。子どもが成長するほどに、テストの点数で子どもが「評価」される時代です。そうした紙上のテストで測ったものには大きな限界があると、多くの専門家は考えています。しかし社会的現実として提示される「成績」や「他の友だちとの比較」は一見わかりやすく、それを物差しにしてわが子を見たりしてしまえば、足らない点がいやでも目に付いてしまいます。今日の親たちが子育てをつらいと思うのは――子どもの専門家である保育者ですらそうなのですから――無理からぬことだと思います。

「学びの物語」は、保育を、そして子育てをそうしたつらさから解放します。第三章の「学びの物語と保護者」のところで紹介されている母親たちの感想には、親自身の見方・見え方の変化を実感し、そのことに大きな喜びを感じている姿が描かれています。

たとえば、「私自身が無言のプレッシャーを子どもにかけていたと気づきました。……後悔で心が一杯になりました」と自身の子育てを振り返った一人のお母さんは、自分の見方が変わったことで、わが子とのやりとりが変化し、その結果子ども自身の変化が生まれたことを驚きと喜びをもって記しています。（一六七頁参照）

「『よくここまでがんばったよねぇ』と声をかけ、もうピアノなどやめさせようと考えていました。すると、何を感じたのか、『よし、私がやってみる』と椅子に座り直し、弾いてみせたのです。そして『よくがんばったね』と抱きしめると、小声で『がんばれば、私だってできる』とつぶやいていました」

母親はピアノが弾けるようになったことを喜んでいるのではありません。わが子のこれまでのがんばりを心から認められるようになったこと、そしてわが子が可能性豊かな学び手であることを発見したこと、そうしたことは「できる喜び」をはるかに上回る大きな喜びです。

大人は誰でも、子どもを肯定的に見たい、わが子の中に豊かな学びと力強い可能性を確かめたい、そういう強い願いを持っています。「学びの物語」はそうした願いに応え実現するものです。

②子どもとの対話が生まれる

保育が楽しくなる第二の理由は、子どもとの間に「対話」が生まれることです。ここで「対話」というのは「対等な会話」という意味です。「大人は知っている者」であり「子どもは知らない者」であるという上下的な関係の中でなされる会話ではありません。互いに答えを探究し学びつつある者として、対等にやりとりする関係があるのが対話です。対話にはあらかじめ決まっている「正しい答え」や「望ましい行動・姿」はありません。保育の場に互いに学び合い、尊重し合う関係が広がっていくと、保育のおもしろさが格段に増します。

たとえば、次に紹介する「魚釣り――メダカだからだめなんだよね」の事例の中にある、保育者と子どもとの「対話」を見てみましょう。

■事例5　年長き組「魚釣り」物語

記録者：渡辺沙智子

◇10月12日　【メダカだからだめなんだよね？】

池の中に長いヒューム管が数本突っ込まれていた。それを不思議に思った年中児が「先生、なんだろうね？」と呼びに来たので見にいくと池の縁で糸をたらしていたヨシヒロ、ヒロシ。ショウはバケツの中からメダカを手にとって見せて、「これを餌にしてどじょうをつるんだ！」と得意顔。ヨシヒロは器用に糸の先にメダカを結びつけていた。「えっ、き組さんはメダカを餌にしてもいいのかな？」と保育者が尋ねると、「いいんだよ！」「……」と知らんぷり。

保育者が担任のトモミ先生に確認し、トモミ先生と戻ってくると、タカシは石の上にメダカをのせて糸でしばっていた。それを見て「あっ、メダカが『痛い』って言ってる！　そんなひもでしばられて……どうして、そういうことをするの？　池の生き物はみんなの物という約束じゃない！」とトモミ先生。

サチコ先生「そうだよ、ショウくんだってヨシヒロくんだってひもでしばられたらいやでしょう？」

ヨシヒロは「ごめんなさい！　そうだよね、いやだよね、メダカだからだめ

つれるかなぁ～

なんだよね？」とすぐに泣き始めた。
サチコ先生「？？？メダカにだって家族はいるんだよ。ここで赤ちゃん生まれたじゃない。それなのに……あなたたちもオオカミを捕まえるのにひもでしばってお山においてこようか？」
トモミ先生「そうだね、それがいいね。ひもはあるかしら？」
サチコ先生、ひもを持って戻ってくる。
トモミ先生「これでしばればいいよね、動けないように石もつけて！」
子どもたちは大声で泣いている。「もうしないから……ごめんなさい！」「メダカだからだめなんだよね……」。
サチコ先生「あなたたちにも弟や妹がいるよね？　その弟や妹がオオカミを捕まえる餌になったらどんな気持ち？　お父さんやお母さんが悲しむよね……」
ヨシヒロ「ごめんなさい。もうメダカではやらないから……」
サチコ先生「もしかして、本物みたいに、大人みたいに釣りがやりたかったの？」
ヨシヒロ「うん……」
サチコ先生「あの池の中に入っている長いのは？」
タカシ「池の中にいるどじょうをあれで見るんだよ」
ショウ「餌にするメダカはあの細いところにバケツを入れて仕掛けを作ったんだ！」と釣り

に対しての思いを次つぎと話し出した。

保育者は二人で顔を見合わせた。「何が釣りたかったの？」「マグロ！」「ハマチもいいな！」「今なら戻り鰹もいいね！」「おれ、ホタテ！」「海に行って船を出さないとだめだよね」と保育者が言うと、「川でもいいよ」「川ならニジマスだな！」「イワナもいるよ」とヨシヒロ。

サチコ先生「そんなに大人みたいにやりたいなら、トモミ先生と副園長先生にお願いして、き組さんみんなで釣りに行けるといいね！」「うん、みんなで行きたい！　そしてみんなで食べようよ！」と、魚釣りへの思いはふくらんでいった。

〈振り返って気づいたこと〉

この様子を見つけた時、保育者は「メダカがかわいそう！」とか、「また、こんなことをして！（怒られるようなことばっかりして！）」と保育者自身の思いや価値判断で幼児たちを見ていた。

しかし、幼児たちの動きをよく観察したことやヨシヒロの言葉から子どもの思いが見えてきた。そういえば、ショウは夏休みに魚釣りの経験がありとても楽しかったようだ。他の幼児にそのことを伝えて実現しようとしていたのかもしれない。

「メダカだから」という言葉がとても引っかかっていて、本物の釣りでは生き餌を使うし命に違いはないのではという思いもあって、子どもたちにどのように説明したらよいかわからな

みんなで池の大そうじ

くなった。

メダカだからとこだわっていたのは保育者のほうで、幼児はとても自然に自分たちで考えて遊びを工夫していたのだと思う。それに、池の底をのぞくための箱メガネや餌をとる仕掛け、おもりにする石など子どもたちなりの工夫がかなり見られた。

そういえば数年前にも捕まえたヤゴを飼いたくて餌にするメダカとオタマジャクシをめぐって子どもなりの道徳観がみえたことが思い出される（一匹しかいないヤゴを飼うためには餌になるオタマジャクシは仕方がない、メダカは少ないからたまにしかあげられないという結論を子どもたちは導き出した。数の論理、希少価値。また食べられるオタマジャクシの気持ちになっての葛藤などおもしろい事例であった）。その時の経験が保育者のなかにあって命にたいしての子どもたちの意識は純粋であり、大人とは違うことを思い出した。○か×かでは決められないことが生きていくなかではたくさんある。答えを一つにせずにいろいろな考え方があることを知らせていくよい機会でもあると思った。保育者の価値観を押しつけずに幼児といっしょになって考えていくなかで、子どもの思いを見取ることの大切さを改めて感じた。

子どもたちと話をしていくうちに、魚・釣りに対する強い思い（海の魚と川の魚の違いを知っていたり、釣りの方法についても知っていたり）が伝わってきて何とか実現してあげたいと思っていくと子どもたちもどんどん心を開いていった。

〔次はどうする?〕

子どもたちの思いをくみ取って保育の流れを作っていく。魚の好きな幼児の思いを受け止めて魚釣りに遠足で行ったり、プールで魚つかみをしてみたり（以上は本物の生活につながる活動）、運動会に魚や寿司のことを盛りこんだ競技を取り入れたり、保育のなかで魚屋ごっこから解体ショーなどにもつなげていったりしたい。幼児の興味のあることをどう深めていくか、保育のなかに取り込んでいくのかが大切であり、そのなかで幼児が「もっとこうしたい」と自分から取り組もうとする気持ちを育てていくようにする。

メダカを「生き餌」にしてドジョウ釣りをしている子どもたちを見て、保育者はかなり強い言葉でくり返し制止します。しかし、ヨシヒロ君の「メダカだからだめなんだよね」との声を聞いて、保育者はハッとするのです。そして、ヨシヒロ君の視点に立ってみなくてはならないと、ヨシヒロ君の言葉の意味を探っていきます。

ヨシヒロ君の言葉は、「僕はわかったよ、先生は、他の魚はいいけど、メダカはだめだって言っているんだよね」と言っています。大人が、アジやサバを生き餌にして釣りをやっているのを子どもたちは知っています。だから疑問が生まれてきます。そうした大人の釣りはよくて、それをまねた自分たちの釣りはどうしてだめだと先生は言うのだろうと。そこでヨシヒロ君は考えました。メダカは「みんなが飼っているものだから」「小さくて、かわいい生き物だから」なのではないかと。

ヨシヒロ君の言葉を保育者はこのように読み取ったのでしょう。命を粗末にしたり、生きた魚を傷つけたりするのはどんなにいけないことかと強くしかった自分たちの言葉が、子どもの考えや疑問にかみ合っていないことに気づいたのです。この瞬間から、子どもとの対話が始まります。すなわち、保育者は次のように心の中で子どもたちと対話したのです。

……ヨシヒロ君の発言の中に含まれている大きな問題——つまり、「大人の生き餌釣りはよくて、なぜ自分たちのメダカを生き餌にしたドジョウ釣りは悪いのか」——にどう答えるべきだろうか。他の生命を犠牲にして自らの生命を確保するというのは、どの生命体もやっていることではないだろうか。食物連鎖とはそういうことだろう。私たち人間一人ひとりが、他の動植物の生命を毎日いただくことによって生きている。だからこそ、生命は貴重でかけがえのないものなのだと私たちは知っている。しかし子どもたちにそれを今話す必要があるだろうか。「メダカだからだめなんだ」と自分自身で考えることができるのだから、子どもたちは命の大切さを顧みずに粗末に扱ったわけではないだろう。だから、メダカを使って釣りをしたことの善悪をこの場でただちに突き詰めなければいけないというものでもないだろう。もっと時間をかけなくては結論が出せない大きな問題だから機会を改めたほうがよい。今この場では子どもたちが夢中になっている釣りの世界をもっと知る必要がある……と。

こんなふうにして、保育者は釣りへの関心や願いを子どもたちから聞き出そうとします。話は大いに盛り上がっていって、子どもたちの思いを実現する手立てがないか、保育者はわくわくしながらこれからの保育の展開へと考えを巡らしていきます。

こうした子どもとの真剣な対話をしているとき、保育の場は学びあうもの同士の対話の場となります。保育という仕事は、複雑で創造的で、手応えのあるやりとりであると実感されます。こうしたことが、保育が楽しくなるということの実質的な意味だと私は考えます。

4）子どもの視点に立つために必要なこと

このように、子どもの視点に立つことができると、子どもが自ら学び、成長している姿が事実として見え、どの子どもも肯定的に見えてきます。しかし、子どもの視点に立つのは決して容易なことではありません。前に引いたショウ君の「スーパーねずみ色」も、子どもの声は聞こえているにもかかわらず、その意味するところを保育者が理解するまでに数週間を要しました。そこで、「子どもの視点に立って」子どもを理解するために、保育者にどんなことが求められるか、少し整理してみましょう。

①継続的に記録し、その記録を振り返る

第一に、子どもの事実を記録しておくことです。ショウ君の発言を記録したからこそ、保育者は何度もそこにどんな意味があるかと振り返ることができたのです。しかし一回だけの一時的な記録では十分ではありません。重要なことは子どもを継続的に記録し、その記録をもとにして振り返り、「その子の視点」を探求することです。

一人の子どもの記録を継続してとって、それら一連の記録をつなげて読み返すと、活動の現れ方は異なっているけれども、再三同じ関心やテーマが現れていることが見えてきます。あるいはたとえば、友だちとのトラブルにばかり目を奪われていたけれども、それに先だつ場面ではいつも他の友だちのやっていることに強い関心を寄せていることが見えてくることがあります（こうした振り返りのために、「短期間の振り返り」という欄が学びの物語のフォーマットには設けられているのです）。

②話し合うこと

しかしそれでも「その子の視点」——つまり、その子の世界の見え方、関心の持ち方、学びの姿など——が見えてこないときがあります。そのときに必要なのが「話し合い」です。「学びの物語」の実践に際しては、次のような「四つのＤ」のプロセス（手順）で進める必要があるとマーガレット・カーは述べています。

①観察し記録すること（Describing）

②話し合うこと（Discussion）

③文書記録として残すこと（Documentation）

④保育の次の手立てを決めること（Decision）

このように、記録を文書として公表・公開する前に保育者同士で――そしてできれば保護者や子どもとの間でも――話し合いをするよう求めている点に、とくに注意を払う必要があります。

テラスもみんなできれいにします

福島大学附属幼稚園での実践の大きな特徴は、ひんぱんに話し合い（意見交換）がなされた点にあります。当初は、大学教員が参加してなされることも多かったのですが、研究者が参加した話し合いでなければ子どもの理解が深まらないというものではありません。「学びの物語」における話し合いにおいて必要なのは「正しい解釈」や「専門的な知見」ではないからです。もっとも必要なのは、記録した保育者の見方や解釈とは「異なる見方・視点」です。「まったく思いもよらないような解釈」が必要なのです。

「学びの物語」は、子どもの視点を探究するものです。そこに研究者が参加していない園での話し合いであっても、あるいはまた（当該の子どもをまったく知らない）他園の保育者との話し合いであっても、話し合いの始まりの時にはだれもが予想していないような「その子の視点」が、話し合いの最後に見えてきます。

話し合いの中で起こるのは次のようなことです。まず、記録されたときのその子の行動が報告されます。次に参加者から質問や各自なりの解釈や予想が出されます。それに触発されて、記録された行動の前後の様子や、これまで思い浮かばなかったような関連する過去の出来事が担当保育者からあらためて出されます。他の保育者からは、似たような他の子の行動やその子の育ち等々、たくさんの素材がその場に提供され、検討されます。そこからさまざまな解釈、これまで思いつかなかったような解釈が生まれ、共有されていきます。しかしそれは明快な一つの結論というより、いくつかのありうる解釈が出されることで終わることも多いのです。

そして最後に、今後どういう保育をすべきかについて話し合いがなされます。こうでなければならないというような、決定的な方針・手立てが見えてくることは多くありません。いくつかの解釈に対応した形で、いくつかの仮説的な手立てのアイディアが導き出されていきます。それをどう取捨選択するかは担当の保育者にゆだねられます。その後、その子の関心や活動がどのように発展変化していったか、参加者は皆続きを聞きたくなり、次回の話し合いへの期待が高まる中で話し合いは終ります。

「学びの物語」の話し合いは、唯一の「正しい解釈」を下すためになされるものではありません。その子の視点を追求するための豊かな、ありうる複数の子どもの見方を参加者全員が共有するためになされるものです。そしてまた、それは次の保育への仮説的な見通しをもたらすものになります。第一章で紹介されている話し合いの事例も、必然的な結論が導かれたものとして読むのではなく、そのプロセスにたくさんの異なる解釈が出されて、何度か話し合いと実践との行き来を重ねるうちに「その子の視点」がはっきりと確かめられていったものであるという点に目を向けていただきたいと思います。

③現場で作り上げるもの

記録したものを子どもの視点に立って振り返ることと、そのために記録をもとに話し合いをすること、この二つのポイントさえはずさなければ、「学びの物語」には、忠実に従わなくてはならない特定の方法というものはありません。それぞれの職場の状況に応じて、やりやすいやり方を工夫していけばいいのです。「学びの物語」に取り組みたいと考えている方たちのために、工夫する際のポイントをいくつか挙げてみます。

・**記録はあまり細かくないほうがいい**…振り返り、話し合うために記録するのですから、記録はあまり細かくなくてかまいません。記録が詳細になればなるほど、長くなればなるほど、そうした記録は棚の奥にしまい込まれてしまう、とマーガレット・カーは自分の保育者としての経験から指摘しています。継続

副園長先生とおすもうだ！

して記録し、それを子どもの視点から振り返ることが目的であって、記録はそのための素材であると位置づければよいのです。保育の場でとれる簡単なメモ程度のものがあればよい、ということろから始めていいのです。

・デジカメの効果的活用を：とはいえ、息をのむようなチャレンジや子ども同士のやりとりの劇的な展開など、子細な記録があるとより深い読み取りができる場合も少なくありません。なれてくると、メモに基づいてそうした記録を残すことができるようになりますが、あまり無理をしてやっても長続きしません。文字だけで記録しなければならないものではありません。デジタルカメラをクラスに一台ずつ備えて、記録したい場面をすべて写真で記録する方式をとっている園もあります。写真に簡単なメモをつけて、それをもとに話し合っていくと、子どもの表情や動き、周囲の状況などが手に取るようにわかります。

・誰が記録してもよい：記録者は担当の保育者でなくてもまったくかまいません。話し合いの場があれば、他の職員の記録から担当の保育者は多くのことを知ることができ、その場で自分の見方を豊かにすることができます。

2 子どもたちが集団の一員として育っていく

1）「学びの物語」だからこそ、集団の一員として育つ

「学びの物語」に対して、もっともよく出される疑問は、「集団の中で子どもは育つもの。一人ひとりを個別に観察して、それに応じた保育をしていくのでは友だちとのかかわりやいっしょに何かを成し遂げるという面での育ちを引き出すことはできないのではないか」というものです。こうした疑問には至らずとも、「個々人の観察だから、個別的な対応に終始するのではないか」という予想から、集団の中で子どもが育っていくことを促すことはできないのではないかと思われる方もいるでしょう。

しかし実際にやってみると、こうした予想とはまったく反対に、友だちや保育者とのかかわりがうまく作れなかった子どもたちほど、「学びの物語」の記録や話し合いの中で大きな成長・変

貌を遂げます。他の子どもたちに対してこれまでよりはるかに積極的に、自信を持ってかかわるように変わっていく姿が見られるようになります。

ですから、「学びの物語」は、子ども一人ひとりを集団の一員として育てていくうえできわめて有効です。なぜかと言えば、後に詳しく述べますが、「学びの物語」は子どもが、保育の場にどのように参加するかを子どもの視点に立って細かく分析し援助するものだからです。「学びの物語」が子どもの「参加」をどう分析し促すものなのかを以下見ていきたいと思います。

まずは事例にそって子どもたちの成長＝参加のプロセスを見ておきましょう。ここでは、友だちとのコミュニケーションやかかわりにやや消極的な様子が見られたサオリちゃんとマサル君の事例を取り上げます。

■事例6　サオリちゃんの「くじらの心臓」物語　記録者：渡辺沙智子

――サオリちゃんはどちらかというとおとなしい女の子。絵を描いたり、ままごとのごちそう作りをしたり、自分のイメージの中でじっくりと遊ぶことが好きだがあまり自分から話をしたり、大きな声を出したりすることはありませんでした。

そんなサオリちゃんが生き生きと自分を表現するきっかけとなった記録であり、この時から保育者のサオリちゃんに対する見方も変わっていきました。

◇8月下旬

サオリのお母さんからの夏休みの生活表に、「何枚も切りためていた新聞の記事を見て、娘のたっての希望で訪れた国立科学博物館での大哺乳類展ではマッコウクジラがダイオウイカを食べるシーンの映像の迫力に圧倒され十分くらいその場を離れませんでした。また、もともと娘は人間の体の器官に興味を持ち始めていたのですが、鯨の模型を見て自分の体と同じもの（耳・胃・心臓・腸など）が鯨の中にもあることが、とても驚きだったようで真剣に模型を見つめていました。その後も人に鯨の話をするほどだったので、よほど心に残ったのだと思います。娘の興味のあることが深まり、広がっていく手助けができればいいと思います」と書かれていた。

これを読んだ翌日、遊びの中で絵を描いていたサオリに声をかけてみた。

保育者「サオリちゃんは、夏休み東京に行ったの？」

サオリ「うん、サンリオピューロランドに行ったの、このシナモンロールがいたの」と絵本を指差し、絵に描いていた。

保育者「そう、他にもどこかに行ったの？」

サオリ「クジラがイカ食べるの、見たの！」

保育者「先生、わからないから絵に描いて教えて！」

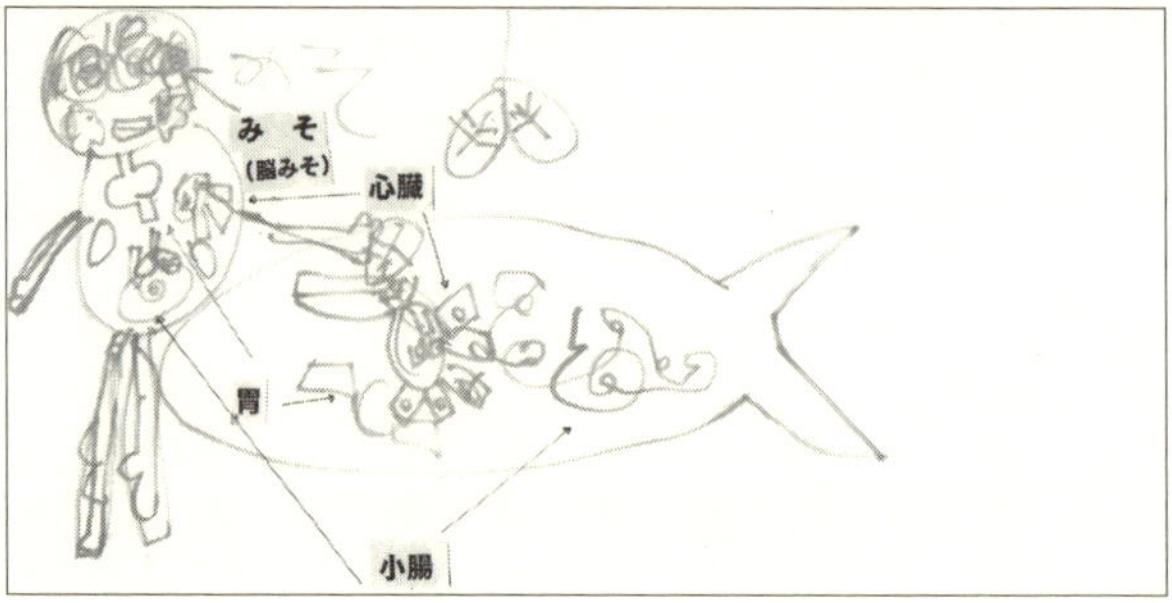

サオリ「いいよ！」

しばらくしてサオリは絵に描いて持ってきた。そこにはクジラの中に心臓、胃などが描かれ、隣に描かれた人間の女の子の体の中にも同じものが描かれていた。

保育者「すごいね、おんなじなんだね、クジラも人も！」

サオリはとても嬉しそうにうなずいた。

翌日、みんなの前で夏休みの経験を絵を見せながら話すようにしたところ、サオリは自分の番になるのを待ち構えていたようで、呼ばれる前から準備していた。

サオリ「あのね、クジラにもサオリとおんなじ心臓があるの。胃も……」と恥ずかしそうに発表していた。ほかの子も「心臓」という言葉に反応して「熊にもあるよ」「鳥にも！」と口々に反応していた。

保育者が「ブロックには？」と問いかけると、「ないよ。だっておもちゃだもの」「動物にしかないんだよ」とほかの幼児が答えた。サオリは黙って聞いていた。

翌日のお弁当の時に「ダンゴムシには心臓があるか？」の話題になった時、サオリだけが「ない！」と言い張り、ほかの幼児は「あるよ！　かたつむりだって！」と言ったがサオリは「ない、鳥もない」と言っていた。

〈保育を振り返って〉

自分から話しかけてくることが少なく、友だちの中でも自分の世界で遊ぶことが多かったサオリ。絵を描くことが好きでピクニックに行った話や経験したことを絵に描きながら話していたサオリ。夏休みの生活表から、サオリが興味を持っていることがわかり、これをきっかけにしたいと思った。絵を描くことが好きなサオリが、（保育者と話しながら）絵に表してきたクジラのなかには「しんぞう」の文字に示されたところに、それらしい形のものが描かれていた。驚いたのは人間を描いた絵のなかにも同じ順番で同じ臓器を表そうとしていたことだった。説明はなかったが腸らしきものまで描いてあった。

また、みんなの前で自分の絵について話をしたことがとてもうれしかったらしく、自分の順番を待ちわびていたようだ。

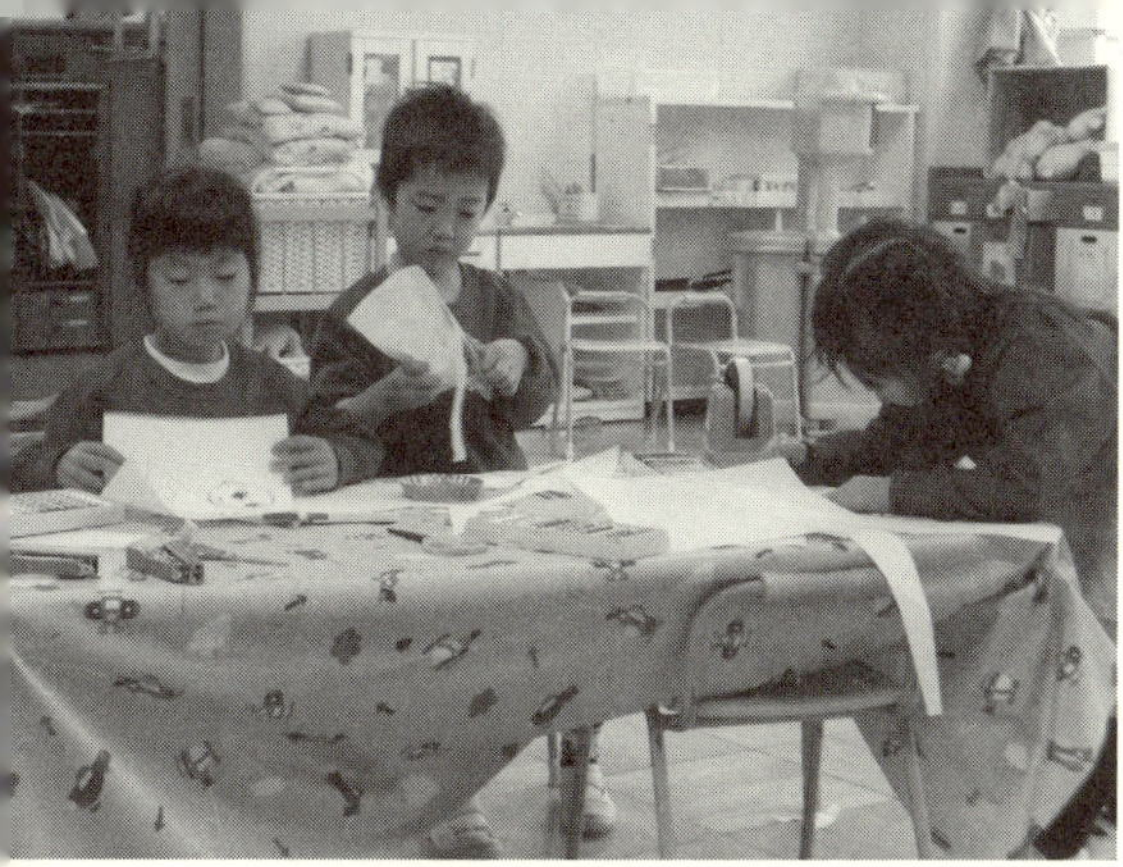

ここには　心臓があるの

〔次はどうする?〕

今までは四歳の保育室に「からだ」に関する絵本は置いてなかったが、これを機会に保育室の絵本棚に置いて、みんなで見てみることもやってみようと思った。

◇その後のサオリ

サオリは自分の好きなことを認められたことで、自信がつき自分からたくさん話しかけてくるようになり、行動にも自信が持てるようになってきた。体にたいしての興味は続いていて、最近の絵には「みそ」と描かれて脳みそを描くようになった。

サオリ「頭にはみそが入っていて、考えたり、息をしたりできるんだよ。ここにみそがあるの」

保育者「そうなの、サオリちゃんにもあるの？」

サオリ「あるよ、ここにね、みそが！」

セイヤ「そうだね、味噌汁おいしいよね！」

話はかみ合わなかったが、サオリの興味はどんどん深まっている。お母さんと話をすると消化器にたいしての興味が続いて、深まっているようだ。

サオリちゃんは「自分から話しかけてくることが少なく、友だちの中でも自分の世界で遊ぶことが多かった」と書かれています。事例は、サオリちゃんが「大哺乳類展の記事を何枚も切り取りためていた」ので、両親が彼女を博物館に連れて行ったことの報告から始まっています。そして博物館でクジラにとても強い関心を抱きます。とくにサオリちゃんは、クジラの体内の構造の説明にとても驚きました。

連絡帳でそのことを知った保育者が、彼女と会話しクジラを絵で描くよう促すと、クジラと女の子が――それぞれの内臓が同じ順序で並んでいる様子がよくわかるように――描かれていました。

その絵に感心した保育者は、翌日みんなの前で話をするように勧めます。ふだんは友だちに話しかけることに消極的だったサオリちゃんが、「呼ばれる前から準備し、恥ずかしそうに発表」しました。すると、友だちからさまざまな反応が返ってきて、友だちに対して説明したり、友だちとは違う自分の考えを明確に述べたりする姿が見られるようになっていきました。

事例の最後に記録されている姿から、当初の「自分の世界で遊ぶサオリちゃん」が、クラスの中で自分の意見を積極的にコミュニケーションできるまでに成長した様子が読み取れます。

2）学びの物語の「五つの視点」が次つぎに現れてくるとき、子どもは集団の一員として成長している

サオリちゃんの成長のポイントになったのは何だったのでしょう。「学びの物語」の五つの視点を用いると、そのポイントが鮮明に浮かびあがってきます。

まず、サオリちゃんが、ほ乳類に強い「関心を持っていた」こと、そしてその「関心」に両親や保育者が気づいたことがとても重要だったことがわかります。それによって、サオリちゃんにとっては保育の場が、自分らしい知識や関心を活かせる場に変わりました。サオリちゃんは、絵を描くことに「熱中し」、ふだんだったら尻込みしてしまったであろうみんなの前での発表にも「チャレンジ」していきます。

サオリちゃんの発表は、彼女が機会あるごとに熱中し学んできたクジラやほ乳類についての深い知識に裏付けられたものです。周囲の友だちはそれに刺激を受け、「コミュニケーション」が活発になっていきます。そして、友だちとは違う自分の考えを主張するようになっていきます。サオリちゃんは〝ダンゴムシや鳥には心臓がない〟と主張していますが、注目すべきはその当否ではありません。理由・根拠に基づいた自分なりの考え（＝理論）に基づいて発言している点がとても重要です。友だちとのコミュニケーションが内容豊かに育っていると見ていいと思います。

このように、「関心」→「熱中」→「困難に立ち向かう」→「コミュニケーション」→「相手の立場に立って行動する」という「学びの物語」の五つの視点に当たる姿が、成長の節目になっています。

もう一人、序章でお母さんの連絡帳を紹介した年少もも組マサル君の事例を見てみましょう。そこでも、同じような五つの視点に対応する姿が、順々に現れてきています。

■事例7　マサル君の「おかおはやわらかかったの」物語　記録者：鈴木三枝子

◇5月13日（木）

登園時、マサルの母が「ミエコ先生（年少組担任）に聞いてごらん」とマサルをうながしていた。「マサルがみどり組になりたいと言っている」ということだったので、詳しく聞いてみると、池でみどり組（年中組）がオタマジャクシをすくっている様子を見て（お玉ですくってバケツに入れていたこともちゃんと母に報告したようだ）、自分もやりたかったようだ。「先生といっしょなら、もも組も行けるんだよ」と言って手を差し出すと、母の後ろに隠れるようにして立っていたマサルが、保育者と手をつないで保育室に入ることができた。

持ち物の始末を終えると、ピンクの帽子を持ってそばに来た。「もう少しで先生が外に行くから、待っててね」の言葉にうなずき、ウサギに餌をやって待っていた。保育補助のカナ先生にマサルの思いを伝え、いっしょに池に向かってもらうことにした。年中児がしていたようにお玉とバケツを持って池へ行き、じょうずにオタマジャクシをすくっていたようだ。

初めてのおたまじゃくしとり

◇5月14日（金）

マサルの母が、連絡帳に家庭でのマサルとのやりとりを記述してくれた。「家では『おたまじゃくしのしっぽはかたかったの。おかおはやわらかかったの』と教えてくれました」と書いてあった。

マサルを誘って、今日も朝から池へ向かう。マサルはオタマジャクシをとてもじょうずにたくさんすくっては、ある程度の数になると池へ戻していた。保育者は、年少児なのにキャッチ&リリースができていることに驚いた（たいていは持って帰りたいと言う）。マサルのこの行動が周囲の幼児にも影響するようで、他の年少児もキャッチ&リリースができていることにさらに驚いた。降園後、ほっとタイム（園庭開放）があったので、マサルの母にそのことを話すと、「家でバッタをたくさん捕ってきてたくさん死なせている経験がそうさせているんでしょうかね」と言っていた。

◇5月17日（月）

池でオタマジャクシすくいをしているマサルの様子を見に行くと、マサルは「せんせい！」と保育者の手を引っ張り、掌が上になるように保育者の手を広げた。そして、オタマジャクシを自分の掌の上にのせて、その後、保育者の掌の上にのせてくれた。保育者も人差指でオタマジャクシをさわってみて、「ほんとうだ、お顔はやわらかいね」と言うと、マサルはにっこり笑った。

〈振り返って気づいたこと〉

今回あらためて保育者自身を振り返ってみて、マサルのようにあまり自分からアピールしてこないタイプの幼児の内面を探ることが苦手で、すぐに仲良くなろうとしてアタックしたり、遊ばせようとしたり、周囲の幼児とかかわらせようとしたりして、焦ってしまっていたようにも思う。

マサルを見ていると、幼児が少しずつ少しずつ幼稚園に慣れていく過程が見えるようでとてもおもしろい。マサルの母からの情報や、補助の先生たちが見た話から、保育者が思っていた以上に遊びや自然物、周囲の人（まだ、物と同等の認識なのかもしれないが）に関心をもち、近づきたいと思っていることがわかり、子どもを理解するうえで、いろいろな人の目で見る大切さを実感した。マサルの観察力の素晴らしさと、強い思いが根底にあり、それを保育者が理解し共感することで、保育者と幼児の距離も近くなり、幼児の世界が広がっていくのだということがわかった。

〔次はどうする？〕

引き続き、保護者とも連絡を取り合いながら、マサルが何に興味を持っているか？を理解し、興味を追求していけるよう援助したり、マサルの思いに共感できるようにしていきたい。

年少組のマサル君は「あまり自分からアピールしてこないタイプ」で、保育者はこうしたタイプの子どもへの対応に少し苦手意識をもっていたと書いています。しかし比較的短期間のうちに、マサル君が自ら保育者に積極的にアピールする姿が育っています。

そのきっかけとなったのはやはり、マサル君の「関心」に保育者が気づき、応えたことでした。家庭の連絡帳から彼のオタマジャクシへの強い関心を知り、年中児たちのオタマジャクシ取りに参加する機会を作ってやると、彼はオタマジャクシ取りに「熱中」します。熱中するとそこには深い学びがもたらされます。「しっぽは硬かったけど、お顔はやわらかかった」という観察力に保育者も目を見張ります。彼の熱中ぶりは周囲の幼児へも波及していきます。そしてオタマジャクシとのかかわりから自分が学んだことを、保育者に教えてあげようとします。自分から大きな声で呼びかけて保育者に、懸命に説明します。彼は、幼稚園という場ではじめて積極的にコミュニケーションし、「相手に教えようとする」姿——これが、子どもなりに「相手の立場に立って行動する」ことの始まりです——が見られるようになったのです。

3 子どもの成長と学びの物語

1）子どもは大きな世界に参加しようと生きている

サオリちゃんとマサル君の成長——集団の一員として積極的に行動するようになるという成長——のプロセスを見てきました。サオリちゃんもマサル君も、記録された姿としては、友だちや保育者との活発なコミュニケーションが展開され始めたところが最後に描かれています。しかし、二人はこのあと集団の一員としてさらに積極的に行動していくことでしょう。周囲の人たちが二人の関心や熱中に注目し、そこから生まれた行動や知識のおもしろさに共感を寄せていくことでしょう。幼稚園やクラスという場への所属感とそこでの存在感を二人は実感したと言っていいでしょうし、このあと二人が、仲間と何かをともにしようと積極的に行動していくことは確かだろうと思います。ここには確かな「集団の一員としての成長」があります。

さて、こうした成長のリアルな姿を踏まえると、子どもの成長（あるいは発達）というものを、「場への参加」ないしは「参加のレパートリーの複雑化」としてとらえるといいのではないかと思います。「発達とは場への参加」であるというのはいかなることを指すのか、少し説明したいと思います。

「場への参加」という時の「場」とは、子どもが生きている時と空間を指しています。いうまでもなく二人は、幼稚園の○○組の今という時空を生きているわけですが、しかしその「関心が向かっている世界」に注目すると、子どもたちの「関心世界」はきわめて豊かな広がりを持ったものであることがわかります。

三歳のマサル君はクラスの境界を越えて年上のクラスの活動に関心を向け、四歳のサオリちゃんの関心は「ほ乳類」に向かい「からだの内部構造」へと深

巧技台からジャーンプ！

まっていきます。さらにこれまで見た事例にあるように、ケーキ屋さん、火山、スーパーカー、化石、恐竜……と、子どもたちの関心世界は身近な日常世界の時空をはるかに超えて広がっています。

「学びの物語」を使って「その子の関心」に注目すると、今、その子が参加しようとしている「(関心) 世界」が見えてきます。その子を取り巻く直接的で一次的な園内の環境だけでなく、大人たちが作り上げてきた文化や歴史や地域などもまた、子どもが生きている「場」であることが見えてきます。

2) 子どもたちの参加のレパートリー

子どもは、こうした大きく広がる豊かな世界に参加しようとして、幼稚園という場で生活している存在です。

次に重要なことは、その大きな世界への子どもの「参加」の仕方にはさまざまなやり方(=レパートリー)があり、それが徐々に増え、発展していくということです。「学びの物語」は、この「参加の仕方=レパートリー」として、とくに五つの姿に注目します。すなわち、「関心をもつ」「熱中する」「困難なことに粘り強く立ち向かう」「コミュニケーションする」「責任ある行動(相手の立場に立って行動する)」の五つです。

いもに会「早く煮えないかな」

なぜ、この五つの「参加」が重要なレパートリーとされているのか、簡単にその理由を説明しておきたいと思います。

まず、第一のレパートリーは「関心を持つ」という参加です。

何か活動していることだけが参加ではありません。参加は、その子が何かに関心を持つことから始まるものです。そして、関心の対象は一見同じでも、関心の内容はじつに個性的です。たとえば、ユウイチ君は相撲を取ることより、相撲を見て応援する（座布団投げ）ことに関心を持っていましたし、サクラちゃんの水への関心は排泄をめぐる自分の失敗と深く関わるものでした。

関心に注目すると、参加というのは一人ひとりユニークな形ではじまるものであることがはっきりと見えてきます。そして関心が徐々に広がっていくのですが、それは参加しようとする世界が広がっていくことを意味しています。ですから、新たなものに関心を向けるということは、その子にとって参加する範囲や対象が広がったということを意味します。より大きな世界に参加する人間に育てたい、これが関心を参加のレパートリーとして重視する理由です。

第二の「熱中する」という参加のレパートリーに注目する理由は、熱中するとき、子どもは「深く学ぶ」ことができるからです。たとえば、熱中したときに子どもたちが作るもの――たとえば、ドジョウ釣りの「仕掛け」や恐竜の「クルミ大の脳みそ」など――には、保育者が段取りをして完成させた製作品には見ることのできない、子どもたちの深い知識と驚くような創意があふれています。そして、深く学んだことは他の分野にも応用されていきます。たとえば、サオリちゃんが友だちに対して、鳥や魚には心臓がないと言い切るときに支えになっているのは、クジラの心臓についての深い知識とそれに基づく「ほ乳類には心臓がある。ならば、鳥や虫はほ乳類ではないのだから、心臓はない」という応用的類推です。ひと言でいえば、さまざまな知識や経験をまとめ上げて、一つの系統だった「自分なりの理論」を凝縮させるところには、かならずや熱中があると言っていいでしょう。

第三の参加のレパートリーは「困難に粘り強く立ち向かう」というものです。

ここで注意したいのは――たとえば文科省が言うところの「生きる力」の定義によく見られる困難を「乗り越える」力のように――むずかしい課題をやり遂げたという「結果」を指すものではないという点です。自分にはむずかしいとか答えがわからないと感じられる事柄に対して、粘り強く取り組み、あきらめずに立ち向かおうとする「参加のしかた」を身につけてほしいと考えて設定されたのが、「困難に立ち向かう」という参加のレパートリーです。「困難に立ち向かう」という姿勢――すなわち意欲――自体が価値あるものとして評価されているのです。

他のすべてのレパートリーに共通することですが、育てたいのはさまざまな「参加のしかた」であって、大人が期待する「参加の結果」ではありません。ですから、保育者が「学びの物語」の視点で子どもを見ていくと、子どもたちに困難や課題を乗り越えさせるようにしなくてはならないとか、意図していた何らかの結果が出るように指導しなくてはならないとか、そうした「目に見える結果」へのこだわりがなくなっていきます。

四つ目の「コミュニケーション」と五番目の「責任ある行動（相手の立場に立って行動する）」が重要な理由は、言うまでもなく「人とともに何かをする」という参加のレパートリーだからです。

「コミュニケーション」とは、言葉はもちろんですが、非言語的な手段も含め自分の持てるあらゆる手立てを使って「自分の考えや感情を表現する」ことであると、「学びの物語」では定義されています。これまでの事例を振り返ると、関心や熱中、そして困難へのチャレンジが生まれるとともに、その子が周囲に対して自分の考えや気持ちを積極的に表現する姿が立ち現れるように思われます。そしてそこから、子ども同士が何かを共有したり、互いを認め合ったりするようになって、ともに何かをする姿が広がっていくように思われます。そういう意味で、コミュニケーションは、何かをともにするための手段というより、「ともにする」という参加の始まりだと見ることができると思います。コミュニケーションが参加のレパートリーであるというのはこうした意味からではないかと私は考えています。

最後の「責任ある行動」というのは、もう少し具体的にいうと友だちに力を貸したり、教えてやったり世話をしたりするというような「相手の立場に立って行動する」ことのほかに、「自分を振り返る」こと――自分を振り返るためには誰か別の人の立場に立って自分を見ることが必要です――や、「クラスの運営に協力したり意見を言ったりする」こと――クラスの当番や保育者の期待に応えて行動することだけでなく、自分なりにクラス全体のことを考えようとすること自体が「責任ある行動」です――などが含まれています。

3）発達とは、参加のレパートリーの複雑化と協同化

この五つの参加のレパートリーに注目すると、一人ひとりの子どもの中でそれぞれのレパートリーが拡大し、複雑になり、協同的なものになっていくことが見えてきます。

参加の「拡大・複雑化・協同化」というのは次のようなことです。

第一は、それぞれの姿が頻繁に現れるということです。

たとえば、サクラちゃんは入園当初、お人形遊びの時パンツが濡れているということにこだわっている姿が見られました。その後、保育者の働きかけの中で、「水」への関心が次々に広がっていきます。片付けや足洗の時のバケツの水、水遊びの時のシャワー、バチャバチャやっている水たまり……、と彼女の関心世界が広がっていく中で、不安が徐々に少なくなり、砂がちょっとでもつくといやがっていたのが自ら水たまりで遊べるように変わっていきます。関心や熱中が頻繁に現れるということは、一つの活動や場面に限られていた参加が他の活動・場面でも可能になってくる、つまり参加の「拡大」を意味するものです。

第二は、一つひとつの「物語」が長時間、長期間継続するようになるということです。たとえば、ユウイチ君の「高いもの・火山」への熱中は数ヶ月にわたって継続しています。もちろん、保育者が彼の熱中を理解し、それにかみ合ったさまざまな働きかけを行ったから継続したのですが、その中で幼稚園から見える山のことだけでなく、マグマのことや浅間山の噴火のニュースなど関心世界は広がり、「マニアック」といわれるほど深い考えが生まれてきます。さらに彼の熱中ぶりは、クラスの他の子どもたちへも大きな刺激となり、その過程で友だちからの注目と友だちへのコミュニケーションや教えあう姿も（＝相手の立場に立つ行動）数多く見られるようになります。その結果、「学びの物語」の記録は長期間にわたって継続して、「大きな物語」となっていきます。

こうした長期間継続する「物語」の中で、子どもたちの知識・スキル・友だちのかかわりが以前より複雑で高度になっていきます。このことがもっともよく見て取れるのは、この章で紹介した「石拾いから化石ごっこへ」の事例でしょう。これが、参加の「複雑化」です。

第三に、子どもが集団の一員として、より積極的に参加するように成長していくプロセスが見られます。サオリちゃんとマサル君の事例に端的に見られたように、子どもが集団の一員としての積極的な参加という形で成長を遂げるとき、そこには五つの参加のレパートリーが順々に立ち現れてくることが多いようです。当初はその子自身のユニークな関心や世界観から始まるものですが、それが熱中やチャレンジとして豊かに展開されるに従って、友だちからの注目と友だちへのコミュニケーションが活性化していきます。そして、誰かと何かをともにする喜びが子どもを、集団の能動的な一員へと成長させていきます。これが参加の「協同化」です。

4）保育とは、学びの姿に「気づき、認め、応える」こと

この節の最後に、保育者の中で保育のあるべき姿がどのようにとらえられるようになったのか、そこにある保育観の変化を整理してみたいと思います。とはいえ、まだ明確な保育の理論やカリキュラムの作り直しに到達したわけではありません。しかし、保育観の大きな転換の兆しというか、手がかりは明らかにあると思われます。

おそらく、保育観を転換するうえでもっとも重要な手がかりとなるものは、子どもが育っているという実感・手応えだろうと思います。たとえどれほど立派な理論であろうと、あるいはたとえば子どもの自発性を尊重したいという自分なりの強い保育観を持っていたとしても、それだけでは従来の保育を見直したり、転換するのは容易なことではないと思います。

これまで見てきたことでわかっていただけると思いますが、「学びの物語」を使ってその子の視点に立って子ども理解を深めていくと、その子が育ってくるという確かな手応えが得られるのです。「学びの物語」に取り組んだ保育者の多くが、「当初は一番気になる子だった○○君が、今ではクラスの人気者になっています。なぜ、当時その子のことを否定的に見ていたのか思い出せ

ないほどです」と言います。ここにも育っているという実感が読みとれます。

なぜ、そうした「確かな成長」がもたらされるのか、あくまで現時点での仮説ですが、次のように考えることができると思います。「学びの物語」の五つの姿は、さきほど見たように、「参加のレパートリー」に対応しています。つまり、子どもの学びの姿に保育者が気づくということは、子どもの発達のポイントになる姿に気づくということです。「学びの物語」を使うと、その姿がその場で、リアルタイムで見えてきます。すると、それに応じた「次の手立て」を考えやすくなります。それは、子どもにとっては、参加の場が広がり、参加がより深くなっていくような場が用意されることを意味しています。

ですから、「学びの物語」を使うと、保育者は「子どもの学びの姿」に注目するようになります。そしてそれが、保育者の中心的な仕事として意識されていくようになります。次に「どんな活動をさせるか」、「どう盛り上げるか」、「どこでおしまいにするか」とか、子どもたちが今やっていることは「計画に合っているか」「何を教えなくてはならないか」などということは、それほど重要なことではなくなっていきます。子どもの学びをより発展させることが、子どもの確かな成長につながるという――やや漠然としているけれど目の前の子どもの姿から感じられる確かな成長の――予感をもって保育に臨むことができるようになります。

そうした保育者の中に生じる保育観の変化がどのような形で実践に具体化されるか、この幼稚園で毎年運動会の直前にやっている「宝袋作り」の指導を例にして説明してみます。

◇【全員が同じ】学びの物語の研究を始める前の宝袋作り

以前は、運動会の前に指導計画に沿って年長児では一枚の紙から袋を作る経験をさせていた。紙を折るところやのりしろを考えさせたり、袋を作る手順を考えさせることがねらいであったが、一斉の形態で保育者といっしょに手順を考え、全員がその通りに作るという宝袋になっていた。（折り紙の折り方のように作り方は全員同じである）

◇【先生、どうやるの?】学びの物語の研究を始めた1年目　年長組の宝袋作り10月

しかし、子どもを見取ることを重視することにより、「言われたとおりに作るのではなく、自分で考えて作ることを大事にしていきたい」と改めて思うようになった。そこで、ねらいは変わらなくても自分で考えることに重点をおいていったところさまざまな姿が見られるようになった。

いつも言われたとおりに作っていた子（「いい子」と言われるような子）はどうしていいかわからずに「先生、どうやるの?」とすぐに頼ってきた。また、友だちの様子を見ながら情報収集に走る子、とりあえず試行錯誤しながら取り組んでいく子、先生が考えていた方法ではないがきちんと袋を作り上げた子。いつも保育者の言うとおりに動かず、保育者にとっては困った子に見られがちな子が自分で考えてどんどん進めていたことに驚いた。できあがるまでにはいつもよりも時間がかかったり袋のできあがりにも差があったりしたが、一人ひとりが満足そうにしていた。

◇【これでいいの！】学びの物語の研究を始めて3年目　年中組の宝袋作り10月

その後、年中児でも自由な形態の中でのりしろを作った紙を渡して「宝物を入れてもらう袋を作ろう」という活動に変更してみた（それまでは年長組と同じように一斉形態の中で作り方を提示してみんなで同じものを作っていた）。

モモは保育者が作ったのりしろの部分の横の部分をつけると、少し袋を見つめて保育者が入れ口と思っているところにいきなりのりをつけ始めた。

教育実習生「ここは、入れるところだよね？　こっちのぴらぴらしているところが底になるんじゃないの？」モモ「これでいいの！！」

実習生が保育者にどうしたら良いか相談にきたが、モモは「こっちからいれて、こうやるの」と蓋《ふた》にして見せた。

実習生と顔を見合わせて、モモの気持ちをくんでそのままにした。保育者が「素敵な袋ができたね」と声をかけると恥ずかしそうににっこりした。

「学びの物語」に取り組みはじめて一年目の実践で、保育者は「自分で考えてつくる」姿を育てようと実践を計画しました。すると、それまで「いい子」と見ていた子どもたちが、「どうしていいかわからずに『先生、どうやるの？』とすぐに頼ってきた」のに対して、「保育者にとっては困った子に見られがちな子が自分で考えてどんどん進めていた」と書いています。そして、

「できあがるまでにはいつもよりも時間がかかったり、袋のできあがりにも差があったりしたが、一人ひとりが満足そうにしていた」と実践の成果を語っています。

保育とは「学びの姿に気づき、それに応え、それを育てる」ことであると確信するようになると、子ども一人ひとりの主体的で、ユニークな取り組み方それ自体を成長として心から認められるようになります。年中組のモモちゃんが、保育者が想定していた作り方と違ったやり方でやったことを――以前なら「間違い」「やり直し」としていたかもしれない――、単に黙認するというのではなく、「これでいいの！」という自分なりの考えを持って判断したことを、大きな成長として、心から喜び、そして頼もしくほほえましい姿として認めています。

発達を参加としてとらえるということは、子どもを一個の人間として認めるということです。なぜなら、私たち自身も子どもと同じようにこの世界に参加し、その参加を拡大・複雑化・協同化して生きている人間であるからです。子どもも、大人も、まったく同じように参加の主体です。子どもたちの一見「変な遊び」も平気で見ていられるようになったと保育者たちは言っていますが、それは言い換えると、自分なりのやり方で参加すればよいのであり、従来その園では見られなかったような――あるいは保育者が期待するようなやり方とは違った――やり方で、参加する権利ということを意味しています。子どもたちが、従来の参加の仕方に抵抗したり、作りかえたりすることで、その園が認める参加の仕方の許容範囲が広がり、豊かになっていきます。

第3章 「学びの物語」と保護者

前章で子どもの姿が肯定的に見えてくると、保育が楽しくなる。そして、それは子育て中の親にもまったく共通する気持ちだと述べました。

いま多くの親たちは、早期教育をはじめさまざまな情報にさらされ、子どもの「気になる点」や「育ちの弱さ」ばかりが目につき、そうなった原因が、親としての力量が足りないがためなのではないか……と自分を責めるような気持ちにさいなまれています。

「学びの物語」の取り組みは、子育てをそうしたつらさから解き放し、子育てに明るい希望を生み出します。この章では、親たち自身がわが子や子育ての見方が変わり、喜びを感じている姿を紹介したいと思います。

1 親自身が発見することの意味～保護者との連携を求めて～

二年、三年と「学びの物語」の取り組みがすすむなかで、保護者自身の見取りによっても新たな学びの物語が始まっていくことがたくさん生まれてきました。保護者に発信した取り組みの過程を述べる前に、日々の送り迎え、おたより・連絡帳などを通しての保育者と保護者の伝えあいの中で、子ども自身の心の内を見取っていった事例をはじめに一つ紹介しましょう。

1）キョウコちゃんの「心の線」の物語

初めての大きな集団での生活へのとまどい。三歳児入園当初から保護者と離れがたい様子のキョウコちゃんでしたが、その様子をていねいに見取ることで、キョウコちゃんが自分で離れるきっかけとなる〝心の中の線〟を持っていることに気づきました。そして、保育者が引いた目に見える「心の線」を頼りに、ゆっくりゆっくり園生活に慣れていく姿を保育者と保護者が共感し合いながら見守っていった記録です。

■事例8―1　キョウコちゃんの心の線（年少もも組）　記録者：鈴木三枝子

◇4月

入園当初から、母親と離れることをいやがって泣いているキョウコ。「担任の先生は、私とお母さんを引き離す人」と思ってしまったようで、登園時、玄関で子どもたちを待っている担任の顔が見えると、急に泣き出し、その場から動かなくなってしまう。そこで、しばらくの間、母親に保育室に入ってもらうことにした。

◇5月～6月

キョウコが母親と保育室に入ってくるまでは声をかけないようにし、「お母さんは、あっちの部屋でお話があるから、終わるまで先生と待っていようね」と、母親に保育室を出てもらう時間を少しずつ早めるようにしてきた。その瞬間は、「おかんちゃん（お母さん）がいい！」と泣くが、しっかりしがみついてくる。担任は他の幼児にも声をかけながら巡っており、どうしてもキョウコと二人きりで行動できなくなるため、保育補助のユウコ先生に交代してもらい、キョウコとじっくりかかわってもらうことにした。

やがて、ユウコ先生に心を開くようになり、「先生見て！」と呼びながら、固定遊具などで遊ぶ姿が見られるようになった。担任のことは気になるけれど、声をかけられたりさわられたりするのはいやで、避けている様子だったが、ユウコ先生が折にふれ「ミエコ先生（担任）にもそれ見せたら、びっくりするかもよ」「ミエコ先生に聞いてごらん」と、担任とキョウコをつなぐきっかけを作ってくれたので、六月ごろには、担任にも「先生！　見て！」「あれがほしい」と、笑顔で言ってくるようになった。

◇7月～1学期末

登園時は必ず、母がコップやタオルを出すところまで保育室に入って見て、その後、引き離すようにしていたが、離される時に泣きながら「おかんちゃん、お話行ってきて！」と自分で言うようになった。

一学期の終わりには、キョウコが母の手を引いて玄関の赤いカーペットの切れ目まで進み、そこで待っている担任に、母の手を離して抱きついてくるようになった。ほんの一メートルほどの距離だが、キョウコにとっては気分を変えるための大事な儀式のように思えた。

みんなでする手遊びや歌も、硬い表情のまま見ていることが多く、集合する場所を示した線のぎりぎり端のところに座っている。

〔振り返って気づいたこと〕

キョウコにとっては、幼稚園は大好きなお母さんと離れて過ごさなければならない所で、引き離す役の担任は、信用ならない相手ということなのだろう。入園当初、担任は一日に何度も全員に声をかけることを心がけて動き回っているので、キョウコだけにつきあうことができず、そのこともキョウコにとっては心を開きたくない要因なのだと思う。

まずは、保育補助の先生がキョウコとの関係を築いてくれて、担任との橋渡しをしてくれたことが、とても有効だったと思う。保育者間の連携プレーの大切さを実感した。

キョウコは、芯の強さがうかがえるので、強行に攻めるわけにはいかないと思う。しかし、登園時に毎朝泣く姿を見ているキョウコの母も困っている様子がうかがえる。キョウコにあった方法を見つけていきたい。

〔意見交換での参加者の意見〕

・キョウコにとっては、保育補助のユウコ先生が心を開ける存在に思える。そこを拠点に、他の人とのつながりをつけていくような方法が良いと思う。担任一人だけで何とかしようとするのではなく、いろいろな人の目で見て保育をしていくことは、効果的であるということがわかった。

・キョウコにとって、「線」がなんらかの意味をなしているのではないか？（玄関で、母と離

線の中にあつまって

れる際の線、一斉形態の活動の際の集まる線）初めての集団生活での、不安な気持ちを切り替える際のキーポイントになっているのではないか？

・夏休み、プール開放などでかかわった時、水鉄砲から出た水を「おならみたい」と言って笑ったことがきっかけで、キョウコから話しかけてきたり、抵抗なく抱っこされたりできたということがあった。そのあたりから彼女が相手に心を開くきっかけになることを探っていくことができるのではないだろうか？

〔次はどうする？〕

これまでの私の体験としては、何がいやなのかを探るのはなかなかむずかしく、探っているうちにどんどん幼児を追い込む結果になってしまったこともあるので、楽しいと思うことは何か？　興味を示していることは何か？　抵抗なくできることは何か？　と考えていったほうがいいように思う。そこで、遊びの中でキョウコが好きなことを探り、かかわるきっかけにしたいと思う。

「線」については、夏休み明けで、また一学期の前半の様子に戻ってしまうことも予想されるので、焦らずまた初めから少しずつ様子を見ていくことにするが、登園時、玄関で母親と離れる際の線を、少しずつずらしてみるとどうなるか？　を試してみたい。

幼稚園の玄関

心の中にある「線」の存在に気づかされた保育者は、さっそく、作戦を実行してみることにしました。夏休み明け、キョウコの母からヒントをもらいながら、キョウコと保育者が互いに探り合い、心の距離を縮めていきました。

■事例8—2　キョウコちゃんの心の線　その後　記録者：鈴木三枝子

◇夏休み明け

一学期にキョウコが目安にしていた（と思われる）カーペットの境目に、キョウコが好きなピンク色のビニールテープで一本線を引いておいた（図の①）。しかし、キョウコはその線が引かれたことに気づくとピンクの線を通り越して「おかんちゃん、金魚の前まで来て！」と泣いた（カーペットの切れ目のさらに奥に、金魚の水槽がある）。そこで、金魚の水槽のぎりぎり前の所にピンクの線を移し（図の②）、そこで、母からキョウコを引き受けることにした。

◇9月

少しずつ少しずつピンクの線を金魚の水槽からずらした。カーペットの境目のあたりになったころ、キョウコの母が「この線、ちょっとずつ動いているんですね」と担任に耳打ちしてきた。担任「そうなんですよ。私、あせり過ぎてキョウコちゃんに見破られてしまったから……失敗でした！　だから今回はちょっとずつね」

いつも、困った表情で見ていたキョウコの母が、この日は笑顔で帰って行った。

ピンクの線が玄関の靴を履き替える地点から五〇センチぐらいまで近付いたころ（図の③）、母が手を伸ばせば、担任に引き渡すことは十分にできる距離なのに、キョウコは母が靴を脱いで上がるまで動かない。

担任「お母さんが靴を脱ぐことが重要ポイントなんですね。おもしろいですね」

キョウコの母は苦笑いしながらも、靴を脱いで上がることを繰り返してくれた。

◇10月

いつものようにキョウコを引き受けて保育室に入り、保育補助のカナ先生にキョウコを任せて再び玄関に戻った担任に、キョウコの母が「今朝は、ピンクの線でバイバイするって自分で言ったんですよ」と教えてくれた。そこで、（翌日は）玄関の靴を脱ぐ所ぎりぎりまでピンクの線をすすめてみた（図の④）。すると、母が靴を脱がなくても、担任と手をつなぐと、

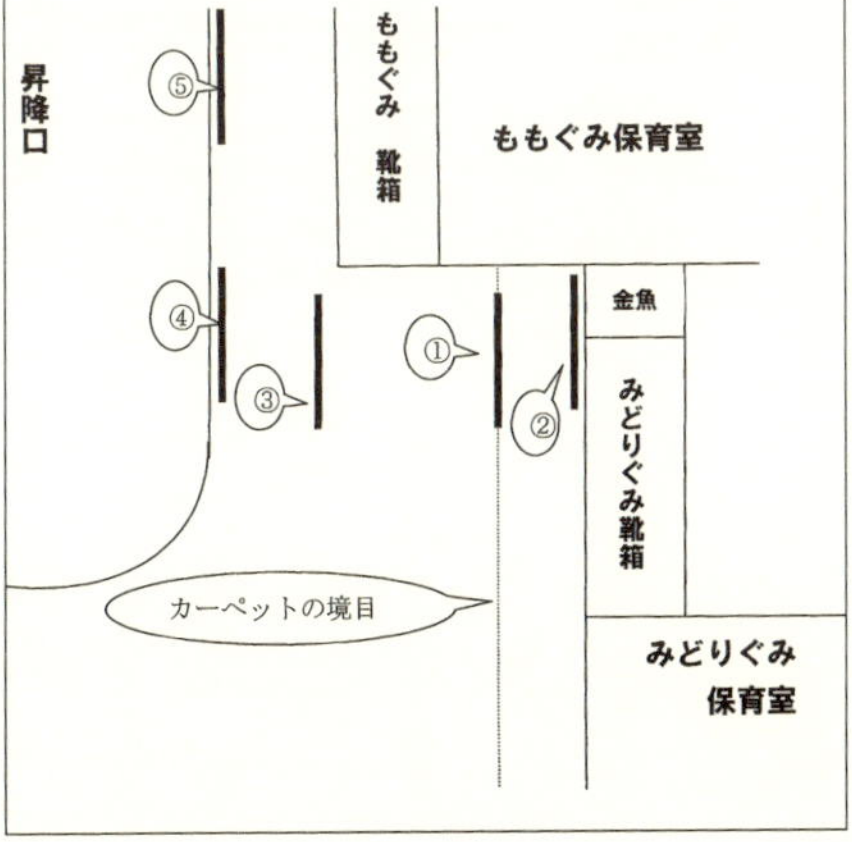

すっと保育室に入れるようになった。

ふと気がつくと、キョウコのために用意したピンクの線を他の親子も利用していることがわかった。週明けや休み明けなど登園時に不安になってしまう時はとくに、「ピンクの線でお母さんと先生がバトンタッチね」と、気持ちを切り替えるきっかけになっていた。

この時点でのピンクの線は、年中児がちょうど腰を下ろすあたりで、年中児が靴を履き替えて移動するまで待っているような姿も見られたので、キョウコの靴箱の前にちょうど線が来るように移動した（図の⑤）。ピンクの線の所で母にタッチして、スムーズに保育室に入る姿が見られるようになってきた。

◇1月

登園時、キョウコの母から「ピンクの線が靴箱の前にあると、ここから動かないとか言うんです」と耳打ちされた。

担任「思いきって、ピンクの線、取ってみましょうか？」

キョウコの母「そうですね。昨日、家で、私がもうそろそろ線がなくてもだいじょうぶだよねって聞いたら、キョウコがだいじょうぶって言ったんですよ」

そこで担任が、「ピンクの線なくても、先生の所まで自分で来れるよね」とキョウコに確認してみたところ、うなずいたので、その場でピンクの線を取りのぞいた。

翌日から、キョウコは母が見ているところで靴を履き替え、もも組の入口付近で待っている担任のところまで自分で歩いてくるようになった。

〈振り返って気づいたこと〉

担任がピンクの線を引いたことに、キョウコは気づいて、あえて通り越していたように思う。作戦は失敗だったかと思われたが、キョウコの母もわかってくれたことで進めていけたように思う。キョウコが「ピンクの線」を受け入れるまでには、一ヵ月以上かかっており、考えてみれば、無理にやらせようとすると逆効果だとわかっていたのに、つい欲張ってしまう自分の悪い癖だと思った。キョウコにとっては、この「心の線」が家庭から幼稚園へ自分で気持ちを切り変えるきっかけとして重要だったことがわかった。また、キョウコだけでなく、他の幼児にも「心の線」が有効だったことにも気づかされた。

「心の線」を進めていくと同時に、キョウコと担任との関係を築いていく努力も重ねてきた。登降園時の持ち物の始末などを一対一で手伝ったり、遊びの中でキョウコがおもしろいと思ったこと（たとえば、三輪車が坂道で勝手に走り出してしまったことを見て、ニヤッとしたなど）を見逃さず、共感するようにしたりしてきたところ、母が靴を脱いで上がらなくてもよくなったころから、担任にもちょこちょこ話しかけてくるようになった。

運動会の後あたりに、唇が荒れたことが気になっていた様子だったので「特別ね」とリップクリームを塗ってやったところ、遊んでいる最中に走ってきて体当たりしてきたり（まだ、抱きつくところまではいかない）、通りすがりに担任の体にタッチしてきたりするようになって、少しずつキョウコとの距離が縮まっているようで嬉しく思った（後日、キョウコの母にこの話をしたところ、家に帰ってからもリップクリームを塗ってくれとせがんだそうだ）。単なる形式上の線（物理的環境）だけではなく、心のふれあい（心理的環境）も必要だとわかった。

ピンクの線を思いきって移動する時も、「ピンクの線でバイバイするって自分で言った」というキョウコの母からの情報がきっかけとなった。また、線を取りのぞいたのも、「もう線がなくてもだいじょうぶだと言った」というキョウコの母の言葉から教えられたことだった。やはり、いちばん身近でキョウコを見ている母だからこそ、そのタイミングがわかったのだと思う。保護者と協力して子育てを進めていくことの大切さを改めて感じた。

この記録を書いた担任は、これからについて、「今のところは自分の興味を追求するというより、そばにいて安心できる人の存在を求めているように見えるキョウコだが、少しずつ保護者↓保育者↓周囲の幼児へと目が向くようになってきた様子も伺えるので、引き続き保育者とのかかわりを深めながらも、興味が似ている子やいっしょにいて心地よい子を見つけられるよう、クラスの子どもたちとのかかわりのきっかけを作っていきたいと思う」と「次はどうする？」にまとめています。

この学びの物語は、お母さんが教えてくれたキョウコちゃんのひと言で、何度も次のステップに進めた事例です。「学びの物語」を保護者とともに進めることの大切さを私たちに教えてくれました。

2 保護者との伝えあいをどうすすめていったのか

1）子どもは有能な学び手であること

情報にふりまわされることなく、ある程度の自信をもって親たちも楽しく子育てができるように、研究の成果や子どもたちの様子などは、朝夕の送り迎えのちょっとした機会をはじめとして、クラスだより、園だよりなどを通して、旺盛に保護者に発信するようにしてきました。

そうした中で、いま紹介したように親たち自身がわが子の「学びの物語」を見取る楽しさを感じてくれるようになりました。ここでは、園からの発信の過程と親の変化についておたよりを中心に紹介したいと思います。

園は、まず、「子どもは有能な学習者である」という視点を親たちと共有したいと考え、「友だちと協力・工夫して遊んでいるわが子の頼もしい姿を見直した」など、保育参観での親たちの率直な感想を「えんだより」で紹介しました。

しかし、そうした感想の一方、保護者の中には、テレビ、新聞、インターネット、パンフレットなどで早期教育についておびただしい情報があふれている今の子育て状況を反映して、幼児期から何かを教えこまなければという不安感を感じる方も少なからずいました。そうした思いは「附属幼稚園では、何も勉強を教えてくれない」という声となって聞こえてきたのですが、あらためて園の保育スタイルについて、しっかり説明する必要を感じました。そこで、なぜ園では遊びを中心とした活動を大事にするのか、外国ではどのような研究成果が明らかになっているかなども含めて知らせることにしました。(次頁、資料2参照)

この園だよりを出した後、保護者からは園庭開放の時などに、幼児期に学ぶことについて積極的に話しかけられるようになっていきました。乳幼児期の学びについて、大きな関心があることがわかり、さらにそうした関心や疑問に答えるために、二学期になってから再び「幼児期に学ぶことについて」をテーマにした、園だよりを出すことにしました。(一七四頁、資料3参照)

ただ、附属幼稚園での「学びの物語」の研究はこの年に始まったばかりでしたので、当然ながら、園だよりやおたよりを通してだけでは、なかなか園の意図するところは浸透しづらい面もあ

資料●2

えんだより

平成20年7月14日
福島大学附属幼稚園

再び本園の教育について—なぜ遊びを通した幼稚園生活なのか—

１９６０～７０年代にかけて、アメリカではどんなカリキュラムが幼児にとって有効かという研究が長い年月をかけて行われました。その中でもワイカートの研究をご紹介いたします。

３・４歳児の３つの組で違うカリキュラムで保育をし、１５歳になるまで追跡し結果を比べるというものでした。

【コース１】学習理論をもとに開発されたもので、子どもの知的能力を高めるために周到に準備された授業が中心の保育。ドリルやフラッシュカードなどを多用する。具体的なものや子どもの自発的な活動は重視されない。

【コース２】子どもが進んで環境への関わることや周囲の仲間との交流を重視している。生活の中で必要な「数や量」「分類・序列化」などは教える。

【コース３】イギリスでの伝統的な自由遊び中心のカリキュラム。遊びの中で社会性の発達を重視する。

この中では、目標が明確に規定されている【コース１】が子どもの知的発達にはもっとも効果的であろうと見込んでいました。

しかし結果はまったく予想外のものでした。確かに小学校低学年では、知能テストの結果等で【コース１】の子どもたちは他の２つのグループより明らかに良い結果が出ました。ところが１０歳→１５歳と調査を継続したところ意外な事実が明らかになりました。

第１に、学年が進むと知的な発達の差は、まったく消失しました。この事実はワイカートの研究だけでなく、日本国内での研究でも同様のようです。「授業中心」カリキュラムでは、子どもたちの知能指数の上昇も大きいかわりに、その下降も急速であったのです。子どもたち一人一人のつまずきに対する援助方法まで詳細なマニュアルまで作る力の入れようだったのですが・・。

それだけではなかったのです。１５歳時点での社会性の発達を調べた結果は、さらに驚くべきものでした。暴力や万引きなど反社会的行動の回数が【コース１】の子どもたちは他の２つの子どもと比べて２倍以上と非常に多かったのです。それだけでなく、例えばスポーツをやる頻度・家族との関係への満足感・学校での活動への意欲など人間関係の良好さを示す項目の大半で低い結果が出てしまったのです。

なぜ、このような結果になってしまったのでしょうか。ワイカートの結論は、このようなものでした。

幼児期の学びには２種類有り、１つは保育者から与えられた知識から学ぶこと、もう一つは遊び・人との関わりの中で子ども自身が学ぶこと。両方とも大事ですが、【コース１】では、遊びの中で子ども同士の関わりの持つ教育的意味に保育者の注意が向けられず、対人間関係能力が獲得できなかったのではないか。あるいは、子どもが大人から指示ばかり受け、子どもの自主性の発揮が「いたずら」や「失敗」として扱われることが多くなり、自己の自発的な能力発揮についての罪悪感をもたらし、積極的に関わろうとする意欲や好奇心が育たなかったのではないか、と述べています。

これらのことから、教育を長い目で見ると、その時期その時期に本当に必要なことは何か、よく吟味する必要があります。本園では遊びを中心とした保育を実施しておりますが、よりよい子どもたちの成長のために、保育者と保護者がともに力を合わせていきたいと考えております。（フリー参観の記録ありがとうございました。今後の保育の参考とさせていただきます）

《参考文献》大宮　勇雄　２００８年「保育の質を高める」㈱ひとなる書房

りました。そこで、保護者を対象にした教育講演会を開催し、大宮先生に詳しく「学びの物語」や「乳幼児期の学び」について解説してもらうことにしました。

この講演会の反響はとても大きく、感想や疑問なども多くの保護者から寄せられました。その感想はすべて園だよりで紹介し、保育者、保護者の双方で共有することにしました。

いくつか抜粋して紹介します。

■えんだより（21年2月5日号）「大宮先生の教育講演会」より（抜粋）

○講演会でお話をお聞きして、なるほどと思うお話がいろいろありましたが、中でも、子育てとは、社会に人を送り出す仕事・社会に役立つ人間を育てる……というお話が一番心に残りました。

私は、子育てをしていて、社会と切り離されたような気持ちになったことが、何度かあったからです。仕事をしておらず、社会に役立っていないなぁと落ち込んだこともありました。でも違うんだと改めて思いました。また、子どもに対して〝できる〟〝できない〟と狭く見てしまっている事が多いなぁと反省しました。

今、悪いと思うことでも先では違ったという経験を繰り返しながらの人生でしたので、子どもに対しても、もっと先を見て、目先のことにとらわれ、子どもを狭く見ないようにしていかないといけないなぁと思いました。

○学習意欲を持つ人間を育てることの意味が具体的に理解しやすくお話ししていただいたので、自分の子育てにも活かせるかなと思いました。私も、子どものことを良い結果の方に導きたくて、あれこれ先回りしようとしています。上の子の場合は、特に将来が不安なので、ついそうしてしまいます。子どもの学習意欲をつぶさないように、否定的に子どもを見ないように、批判するような事を言わないよう、いっしょに考えるようにしなければと思いました。

○講演会は話がとてもわかりやすく、親として関心のある内容だったので、とても良かったです。

先生のお話の中で、「学び志向」がいかに大事であるかが子どもの今後の成長していく過程で重要であると思いました。

親というものは、子どもが期待通りでなかったり、子どもの行動の意味がわからなかったりした時など、子どもの可能性を信じられず、子どもに対してマイナスのイメージを持ったり、親の感情をそのまま子どもに押しつけてしまったりしがちですが、それは、まったく間違いであり、子どもが考えて伸びるであろう可能性を親がつみ取ってしまう形になると思いました。

とくに、先生のお話から、子どもといっしょに過ごしていると必ず学びの姿（困難なことに挑戦する姿）が毎日のように見られるということで、ほんとうにそう思いました。親は、「危ない」「どうせ失敗するに決まっている」等、さまざまな理由から子どもが発見し、挑戦しているのに、そういう機会をじつは奪っていたのではないかということを、日々の生活を振り返り反省しただいです。

今後、子どもがむずかしい事や困難と思う事にチャレンジしたり挑戦したりしている姿を見たときには、いっしょに考えたり援助したりしながら、できるように導いていきたいと思いました。

○子育ての認識が日本と欧州では違うのは驚きでした。子育ては、家庭（特に母親）に大きな責任があると思っていたので、もう少し楽な気持ちで子育てしようと思いました。

私は最近子どもを信頼する気持ちが薄れていたように思います。三歳くらいまでは少しの成長も「すごい」と思っていましたが、幼稚園に入ってからは周りの子どもと比べてしまいがちで、お友だちにできて我が子ができないと不安になっていました。これからは、もっと広い視野を持って、ゆっくりでも進歩していく我が子を信頼していけたらと思います。

「結果志向・学び志向」についてですが、もともとの性格は関係ないのでしょうか。我が子は非常に怖がりなところがあります。とても慎重派で、親が導かないと新しいことに挑戦しないようなところもあります。自分で何でもチャレンジできる子になってほしいのですが、怖がって避けるようなことは、怖がらなくなるまで待った方がいいのでしょうか。それとも親がフォローしてあげながら挑戦させた方がいいのでしょうか。

〇頭で考えた子育てしかできず、転ばぬ先にとさまざまなことで子どもに注意しすぎていたような気がします。このままでは、我が子は「学び志向」ではなく、「結果志向」に陥るにちがいないと確信しました。

昨年より、子どもには少しずつ私がピアノを教えていたのですが、注意するとひどく反抗し、間違うとくやしくて椅子から飛び降りて泣き叫んでいたため、もうやめようか、それとも教室を探そうかと考えていました。

でも今日のお話で、私自身が無言のプレッシャーを子どもにかけていたと気づきました。一事が万事、きっと他のことでも耳に聞こえぬプレッシャーを子どもにかけ続けているにちがいないと、お話を伺いながら後悔で心が一杯になりました。

それでも午後に子どもが自らピアノに向かいましたが、いつものように間違って泣き始めました。でも今日は、私は後ろから「よくここまでがんばったよねえ」と声をかけ、もうピアノなどやめさせようと考えていました。すると、何を感じたのか「お母さん！　三小節目の左手はドミソだよね。よし、私がやってみる」と椅子に座り直し、弾いてみせたのです。そして「よくがんばったね」と抱きしめると、小声で「がんばれば、私だってできる」とつぶやいていました。

「声にならないことば」のマジックに、ほんとうに驚き、先生の話されていたことが少し理解できたような気がいたしました。今後は、子育てにもう少し余裕を持ってなるべく子どもに口出しすぎず、温かく見守っていきたいと思いました。

〇子育ては、生まれてから毎日、無我夢中で、なかなか冷静に「母親としての今の自分」を見ることができません。自分以外のお母さんが、みんな立派に見えて、落ち込む時もあります。それでも「ママが一番！ママ大好き」と言ってくれるので「世間から見たいい親」ではなく、「この子にとっていい親」になりたいと思っています。たぶん、いい親には一生かかってもなれないです。でも、努力することは続けていくつもりです。お話を聴いて、なるべく子どもの視点に立って接していこうと思いました。

疑問としてだされた、「結果志向・学び指向」についての質問は、そのまま大宮先生に送りくわしく答えてもらいました。

2）見え方が変わった親たち

このような地道な交流を通して、保護者の方々の「子どもをみる目」にも徐々に変化が感じられるようになりました。附属幼稚園では、毎月保護者に、子どもの家庭での様子を記入してもらう「生活表」の提出をお願いしているのですが、その中に次のようなほほえましいエピソードが書かれていたりするようになったのです。それはまた、すぐに「えんだより」に紹介しました。

■えんだより（21年7月7日号）「学びの物語・みどりぐみの生活表から」の抜粋

（家庭から）

隣の子とアパートの駐車場で遊んでいたとき、フリスビーが駐車場の屋根の上にのってしまいました。いっしょにいた大人たちは「取れない」とか「無理だよ」といってすぐに諦めましたが、子どもたちは「取る」といって聞きません。「じゃあ、どう取るの？」と聞いたら、近くにあった「虫取り網で取る」と言い、勇んで行きました。下から網を上げて取ると思っていたら、近くの階段に昇っていき、細い隙間から屋根に向けて虫取り網を伸ばしました。しょうがないので、どうせ取れないだろうと思いつつも、いっしょにフリスビーを取るのを手伝いました。「こっちからだよ」「次はこっちに虫取り網をよこして」などと言いながら、五分くらい格闘してフリスビーを取ることができました。

このときに、すぐにできないとか無理だということを決め付けてやらない自分に恥ずかしさを感じ、子どもたちのチャレンジ精神と集中力に驚きました。できない・無理ということをすぐに言わないで、やってみる大切さを教えてもらいました。

（担任から）

時々、子どもたちの発想と集中力に驚かされることがありますよね。大人が子どもから学ばせられることがあってもいいのではないですか。楽しいエピソードをありがとうございました。

（家庭から）

幼稚園のこともよく話をしてくれるようになり、内容も違ってきています。何をした・誰と話した・何を見つけた……と細かく話してくれます。誰と誰が仲良しで、誰が何が上手で、とお友だちの個性もわかってきたようです。スクーターも苦手だと言っていたのですが「ママはどうしてグラグラしないで自転車こげるの？」と聞いてきて研究を（？）重ねているようです。苦手なものにちょっとずつチャレンジしている姿に感動です。（家では、梅干とかゴーヤとか）

（担任から）

みどり組に進級したことが、すごく大人になったように感じられ、やる気スイッチをＯＮにしたようですね。お友だちのよさが見えてきた分、自分のできないことにも気づき始めたようです。そこで、がっかりしたりあきらめたりせずにがんばろうとする気持ちを大切に育てたいですね。

こうした取り組みを続けていく中で一番特徴的だったことは、生活表での親たちの見取りの内容が、子どもの直してほしいところや欠点を記入したものから、だんだんにわが子の良いところや成長した所などを書いたものが増えていったことです。

同じようなことはまた、保育参観の記録にも見られ、子どもの成長の様子やほほえましいエピソードが増え、子どもに対するマイナス的な事柄や、保育に対する批判的な見方は少なくなっていきました。前章で紹介した事例７「おかおはやわらかかったの」もお母さんから教えていただいたものですが、同じようなエピソードがいくつもよせられました。

さらに、「学びの物語」の研究が蓄積されていくにともない、担任保育者たちの子どもを見取るセンスも変わっていきました。クラスの子どもたちの興味関心をすばやく見取り、援助し、環境をつくりあげていることがわかるようになりました。そして、序章で紹介した「ピタゴラスイッチ」の実践のように、そうした「学び」が小学校や中学校へもつながっていくこと、学習することの「構え」となっていることもお知らせしました。（一七六頁、資料４、資料５参照）

３）保育の見直しにつながる

また、同時にそうした保護者の見取りは、今まである意味では漠然と行っていた園の各種行事について、保育者にあらためてその意義を認識させることにもつながり、環境設定や子どもの見方など保育に変化が見られるようになっていきました。以下に紹介するのはそうした工夫を受けて行われた運動会のあと、連絡帳を通して伝えられた保護者たちの感想です。

○みどり組での運動会は、出番も内容もパワーアップしていて、この一年での成長がいかに大きかったかを感じることのできる見応えのある運動会でした。また、各クラスの競技を見ることで発達段階もよくわかり、興味深く拝見しました。

「パパママたんけんたい」や「ピタゴラたんけんたい」では、保育室でフライパンを持って楽しくおままごとをする子どもたちの様子や真剣にピタゴラスイッチを作る子どもたちの眼差しが目に浮かんできて、みどり組での延長線上に運動会があることがよくわかりました。娘に関しては、卵を落としたまま走ってしまったり、お土産の取り合いっこになってしまったり、家での自主練（？）よりフラダンスが控えめだったりしましたが、どの種目も精一杯取り組み、楽しんでいる様子が見てとれました。フラダンスを踊り終えた後、飛び跳ねながら、満面の笑みで退場していたので、後でその理由を尋ねてみたところ、「たくさんの人に見てもらえて嬉しかった！」と言いました。娘の達成感にあふれたその言葉が親としては何より嬉しく、よくがんばったなと思いました。

○運動会の練習が始まると「今日は何をした」とか「こんな事があった」といろいろ話してくれましたが、当日が近づくにつれ口数が少なくなりました。どうしたのかな?と思っていたところ予行練習の日になりました。第一隊長の時足ひれを付け忘れバタバタしました。その日の夜、「心配なんだぁ」と。「どうして?」「第一隊長の足ひれ付け忘れそうで心配なの。それにあれは、はくときにきつくて大変なんだぁ」と。「大丈夫だよできるよ」と慰めていたら、「そう簡単にできるって言わないで！」と言われてしまいました。

そして次の日「今日は忘れないでできたよ！」と嬉しそうに言っていました。当日には、足ひれをつけるために急いで準備する姿が見られました。一つの失敗でいろいろ考え、行動する事ができるようになっていて、成長を感じました。

○運動会を無事に終わって、ほっとしているところです。息子が放送係を担当すると聞いたとき、無理だと思いました。これまで、何一つ文章を覚えたことがなく、大勢の人の前で話す経験もないので、彼よりも私のほうが緊張しました。

運動会が始まり、一つひとつの種目に真剣に取り組んでいる様子を見て、とても感動しました。自分たちが主役であることをわかっているようでした。最後の放送係を終わったとき、彼を一層大きく感じました。よく頑張ったね、息子よ。これから叱るより褒めて育てていこうと思ってます。

連絡帳には、さらにこうしたエピソードを見て「年長組さんの成長の様子に涙が出そうになった」などの感想も寄せられ、子どもたちを中心に保護者と幼稚園が寄り添っていることが感じられました。ほんとうに少しずつではありますが、「学びの物語」の取り組みを進めていくなかで、確実に私たちも保護者もお互いに子どもから学びあっていることがわかりました。

資料●3

9がつ

えんだより

平成２０年9月12日
福島大学附属幼稚園

幼児期に学ぶことについて

新製品のＰＣ

人間の大脳は、よくコンピュータに例えられます。大脳皮質の中の大きな連合野という領域が発達していることが、他の動物との大きな違いです。連合野は神経繊維で密接に連絡をしています。このネットワークが実に立派なコンピュータで、生後三歳ぐらいでハードが完成します。この段階ではまだソフトが入っていません。幼児教育や義務教育というものは、コンピュータにソフトを入れる仕事です。ソフトが入った連合野を使って始めて人間は新しい知識を取り入れたり、物を考えたり、計算したりすることができるようになるわけです。

前頭前野の機能

ところが、この大脳皮質の連合野には、記憶中枢のほかに前頭前野という領域があります。ここの機能は、外から入ってきた情報に基づいて判断を下し、脳のほかの部分に指令を出すところです。つまり脳の司令塔です。

何かをしようとする意欲、相手を思いやる、自分の欲望を抑制する、既存の知識をもとに新しいものを創造する、とっさの時の判断力（例えば地震のときどう行動するか、大勢で一人の子どもをいじめているのを見た時どうするか　などを決める）というような仕事をする所です。

前頭前野が働かなければ、人間でも動物と同じように本能に従って行動します。従って誰に教えられなくても早寝早起き朝ごはんができて、いいような気もします（笑）もし、前頭前野から誤った指令や困った指令が伝えられると、本能に従わなくなり、朝も起きられず食欲のない生活をすることとなり、ひどい時には自分の生命ですら守らなくなってしまいます。前頭前野を正常に発達させるような教育を行わないかぎりいじめや自殺の問題は難しいような気がします。

前頭前野のもう一つの大切な機能は、記憶中枢にある記憶を検索する事です。知識を中枢に入れるだけでは、その情報を使うことはできません。記憶中枢に入った情報を使ってものを考えるのが前頭前野の仕事です。

昨年から行われている全国学力学習状況調査や OECD の学力テストの結果明らかになったことは、日本の子どもたちの知識は満足のいくものだったが、思考力や表現力が劣っているということでした。別の言葉で言えば、記憶中枢は良く動いているが、そこにある知識を使ってものを考える前頭前野がよく働いていないということです。

したがって、今目の前にいる幼児期の子どもたちや義務教育の時期の子どもたちに必要なことは、ぴかぴかの新製品のＰＣにソフトを入れる努力です。

ＰＣにソフトを入れる

今回文部科学省が改訂した教育要領や学習指導要領の中で、道徳活動や体験活動の充実ということは前頭前野の発達に役立つはずです。しかし、子どもたちの前頭前野

にそのような教育を受け入れるソフトが入っていなければ反応することができません・・・

どうやったらソフトを入れられるのでしょうか。前頭前野は人間が人間として生きるための機能を司っている中枢なので、生涯にわたり人間らしく生きるために必要な資質です。本園で身につけさせたい力にも掲げているコミュニケーション能力の育成—つまり子どもたちが親や先生や友達とコミュニケーションを持ち、心を通わすことこそ、この時期の子どもたちの前頭前野の発達を促す第一歩だと思われます。それから、子どもたちが未知の環境に対応する能力をつけるトレーニングも必要と思われます。

１学期にも園だよりでお知らせしましたが、本園では遊びを中心とした保育を実施しておりますが、よりよい子どもたちの成長のために、先生・子どもが、お互いに意思疎通させ相互理解することを重視していきたいと考えています。知識を詰め込むだけならコンピュータでもできますが、それでは人間はできあがりません。人間を作るためには人間同士からたくさんのことを学ぶ必要があります。

＜参考文献＞「いじめを引き起こした要因とアメリカの対策」（記念公演）
日本学士院会員・ラホイヤアレルギー免疫研究所名誉所長
山形県教育委員会委員長　石坂　公成

今週の予定

日	曜日	園内関係	時間	園外関係	時間
15	月	※敬老の日			
16	火				
		も　も	8:40	お弁当	12:50
		みどり	8:30	お弁当	13:00
		き	8:30	お弁当	13:30
17	水	○ももぐみ保育参加日			
		も　も	8:40		11:20
		みどり	8:30		11:30
		き	8:30		11:40
18	木				
		も　も	8:40	お弁当	12:50
		みどり	8:30	お弁当	13:00
		き	8:30	お弁当	13:30
19	金	○ももぐみ茶話会 きみもルーム	9:00		
		も　も	8:40		11:20
		みどり	8:30	お弁当	13:00
		き	8:30	お弁当	13:00
20	土	週休日			
21	日	週休日			

資料●4

6がつ

えんだより

平成22年　6月28日
福島大学附属幼稚園
http://www.educ.fukushima-u.ac.jp/kinder/
（ホームページからもえんだよりがご覧いただけます）

学びの物語②

ピタゴラスイッチ

みどりぐみでは今、ピタゴラスイッチが大流行。昨年度ももぐみの時からピタゴラスイッチごっこ（？）のようなことを楽しいでいましたが、みどりぐみになってから先生がピタゴラスイッチの絵本を準備したり、たくさんのビー玉やレールになりそうなものを準備したりすることにより、様々な工夫が見られるようになっていきました。

この頃、形が毎日変わります。自分たちでもっと面白くしたいと、いろいろ考えているのです。Bブロック（断面を見るとアルファベットのBの形をしたブロック）をレールにしてからは、高さを自由に調節できるようになり、複雑な実験装置（？）になっていきました。速く転がすにはどうするか、途中に置いたビー玉にぶつけ、それを動かすにはどうすればよいか、部屋を横断する程長いコースを、止まらずに、しかもスピードを変えながら走らせるにはどうするか、毎日飽きもせずに遊びつづけている男の子達がいます。

6月26日（土）附属中学校で学校公開がありました。3年生の理科の授業を見ました。理科室のグループごとの机の上にはレール、ガラス玉、小さな紙で作った車などがありました。「運動する物体の持つエネルギーは、何とどのような関係にあるか」を、斜面にガラス玉や鉄球などを転がす実験を通して考えていました。そして、授業案には、「今までの学びで獲得してきたことを活かすことで、それらの価値を知る」ことの大事さ、「日常生活にあふれている力学的な事象に興味を持ち、それらについても調べ、学ぼうとする生徒を育てていく」ことが、附属中学校の研究テーマである「学び続ける生徒を育てる」ことにつながるとあります。

今、みどりぐみさんが遊んでいることが、こうして小学校やその先の中学校へとつながっていくことが容易に想像できます。さらに、中学校での「学び続ける生徒を育てる」ためには、今幼稚園で遊びの中から培っていくべきものも見えます。

センス・オブ・ワンダー

「センス・オブ・ワンダー」（不思議さに驚嘆する感性）という言葉は、アメリカのレイチェルという作家が 40 年以上も前に出版した本の題名がもとになっています。附属小学校が昨年度このテーマで理科の全国大会を開催しています。先日附属幼稚園に視察に来られた仙台市の旭が丘幼稚園でも、とても大事にしている言葉だそうです。

どんなことなのでしょうか。昨年度のえんだよりでも一部紹介しましたが、著書の一部を紹介します。・・「知る」ことは「感じる」ことの半分も重要ではないと固く信じています。子どもたちがであう事実のひとつひとつが、やがて知識や知恵を生みだす種子だとしたら、さまざまな情緒やゆたかな感受性は、この種子をはぐくむ肥沃な土壌です。

幼い子ども時代は、この土壌を耕すときです。美しいものを美しいと感じる感覚、新しいものや未知なものにふれたときの感激、思いやり、憐れみ、賛嘆や愛情などのさまざまな形の感情がひとたびよびさまされると、次はその対象となるものについてもっとよく知りたいと思うようになります。そのようにして見つけだした知識は、しっかりと身につきます。

消化する能力がまだそなわっていない子どもに、事実をうのみにさせるよりも、むしろ子どもが知りたがるような道を切りひらいてやることのほうがどんなにたいせつであるかわかりません。

これにもお豆がなるの？

もう一つエピソードを紹介します。植物学者渡辺万次郎さんと、その幼稚園児のお孫さんのお話です。

「私はかつて幼稚園児の２児を近郊に伴った。彼らはみやこぐさの花に注意を引かれたが、その名を問うほかに能がなかった。当時私どもの菜園には、同じ豆科のえんどうの花が咲いていたので、名前を教えるかわりに、その花を持って帰って、おうちでそれによく似た花を見いだすようにと指導した。彼らが帰宅後（えんどうとみやこぐさの）両者の類似を見いだした時には、小さいながらも自力に基づく新発見の喜びに燃えた。やがて一人はみやこぐさについて、「これにもお豆がなるか」と尋ねた。それは誰にも教えられない独創的な質問であった。私は、それにも答えず、つぎの日曜に彼らに現場で確かめることを提案した。

彼らがそこに小さなお豆を見いだした時、そこには自分の推理の当たった喜びがあった。秋が来た。庭には萩の花が咲いた。彼らが萩にも豆がなることを予測した。彼らは、過去の経験から、いかなる花に豆がなるかを自主的に知り、その推論を独創的にまだ見ぬ世界に及ぼしたのである。

科学の生命は、まだ見ぬものやことについて予測し、想像世界をつくり出すことにあります。幼い子どもであっても大人のかかわり方しだいで、科学者が行うのと同じ思考をたどり、同じ想像世界に到達することができるのです。（この文章は、小学館「まごころの保育」内田伸子：お茶の水女子大学理事・副学長　より引用したもの）

こどもをみとる

このようなエピソードは、その他にもももぐみ、みどりぐみ、きぐみと、どのくみにも毎日あふれています。

例えば、ももぐみさんでは今、シャボン玉に夢中な子どもたちがたくさんいます。最初はただシャボン玉が出てくることだけに喜んでいたのが、そのうち大きな玉を作ろうと努力する子、細かい泡がたくさんできるのが楽しい子、遠くまで何とか飛ばそうとする子、それぞれの子どもの遊びの中からの気づきを大切にみとっていきたいと思います。

きぐみさんでは、幼稚園の畑に夢中になっている子どもがたくさんいます。毎日毎日キュウリなどが大きくなっていくのを見守っているようです。また、様々な昆虫に興味・関心を持つ子どもたちもいますが、そんな様子を先生がみとり、いきなり様々な情報を与えたりするのではなく、さりげなく絵本の読み聞かせをしたり、近くに図鑑を準備してあげたりしています。

このように、幼稚園での仕事は、子どもが知りたがるような道を切り開くこと・・これには園の周りにある豊かな自然環境もきっと大きな働きをしていると思います。それから、子どもたちの学びをしっかりとみとっていくこと、だと考えています。

資料●5

7がつ

えんだより

平成２２年　7月　2日
福島大学附属幼稚園
http://www.educ.fukushima-u.ac.jp/kinder/
（ホームページからもえんだよりがご覧いただけます）

附属小2年生との交流

６月２８日（月）附属小学校２年２組さんが、また幼稚園に来てくれました。もも・みどり・き、の各組の子どもたちの発達段階にあわせて、毎回様々な交流のエピソードが生まれます。

きぐみでは、この日トウモロコシの植え付けをしていました。畑にとても興味がある３人と２年生１人が、野澤先生に畑の準備をしてもらい、いざ植えようとしました。園児の方は、なかなかうまくはいきません。でも一昨年きぐみさんだった２年生は、そのころの経験から、今のきぐみさんに、自分も手を動かしながら一生懸命教えてあげる様子が見られました。中学生と一緒のサツマ苗の植え付けとは違う、年齢の近い子ども同士の、ほほえましい作業でした。

みどりぐみさんのお部屋では、この日もピタゴラスイッチがたけなわ。しかし、なぜか一緒にやろうとはしません。みどりぐみさんの脇にもう一つ同じようなものを作り始めました。さすがに小学生の作るものはダイナミックな感じがします。２つのレールで熱心に遊ぶ子どもたちの違いに担任が気づきました。
ダイナミックすぎて脱線してしまうビー玉がうまく転がるように小学生は言葉で相談しながら調整していきました。それに対して園児は言葉での相談が上手でないため、自分たちの思うようにことが運ばず、いざこざも時折発生しているようです。しかし、少しずつ改善されていきます。

ももぐみさんの場合は、保護者の方からの学びの物語を紹介させていただきます。“降園時に（いつも）すぐ帰るが、カバンの中をガサガサ、何か私に見せたい様子。なかなか門を出ないのです。私もカバンの中を探してみると、底にヘナヘナ～としたしろつめぐさの指輪がありました。彼女の宝物が見つかりました。「私、やさしいお姉さんになるんだー。」附属小の２年のお姉さんにしろつめぐさの指輪を作ってもらったことがとても嬉しかったようです。カバンの中を一生懸命探す顔と「やさしいお姉さんになる」と言った笑顔がとても心に残りました。“なんて素敵な心の交流でしょうか！

七夕飾りづくりについて

園の行事としても七夕は実施しますが、昨年度に引き続き、文化通り七夕祭りにも参加します。今年度は、各ご家庭で親子一緒に作って頂こうと思います。そこで、８日（木）各学級降園前の10分間、遊戯室にお集まり頂き作り方の説明と材料渡しを行います。ご協力よろしくお願いいたします。なお、できたものは、15日（木）までお持ち下さい。

第4章

学びの連続性について考える

――幼・小の交流を素材に

1 幼・小の交流の中で見えてきた「本気の学び」

1）「本音」のかかわりを通して、はぐくまれる豊かな学び
――幼・小の交流にかける願い

さて、この章では、これまで「学びの物語」を通じて私たち自身が学んできたことを踏まえ、そもそもの研究テーマであった「学びの連続性」について改めて考えてみたいと思います。その素材として、ここでは本学の附属小学校二年生のクラスと共同で取り組んだ、幼・小交流の取り組みを取り上げたいと思います。まず、その取り組みの経過とその中での子どもたちの様子を記録したものを読んでいただきたいと思います。

小学生との交流は幼稚園が切望してきたことでしたが、実現したのは今回が初めてでした。そのため、幼稚園にとっても小学校の教師にとっても手探り状態での始まりでした。一つだけ決め

たことは「教師の側から無理にペアを作らせたりせずに、自然な形で遊びの中で交流していきましょう」ということだけでした。

交流がはじまってまだ日も浅い頃、こんなできごとがありました。

■記録　小学校との交流でのエピソード　1

小学生は生活科としての取り組みで、交流にあたっての「めあて」を「仲良く！」と決めてやってきていた。

いっしょに遊べる場の一つとして相撲ができるよう遊戯室にはマットをしいておいたのだが、小学生も興味を示し園児との対戦が行われていた。

幼稚園児といっても本気で力を出すとかなり強く、小学生も思わず力が入る。ときおり園児を投げ飛ばす場面も見られた。

すると、マットの後ろのほうから小学校の先生が「手加減……手加減……て・か・げ・ん！」と何度も唱えるのが聞こえてきた。その声にわざと負けてやる小学生の姿も見られたのだが、保育者が本気で園児を投げ飛ばしてみせたり、「本気でやっていいよ！」と声をかけたことで小学生のやる気が変わってきた。

はっけよ〜い！

本気の勝負になると、遊びから抜けていってしまう子もいれば、目を輝かせて勝負する子もでてくる。園児たちも本気でぶつかっていき、興奮した表情で「お兄ちゃん強いから二人でいい？」と抱きつきながら言うと、「よし、わかった、おまえらここに順番に並べ！　順番だぞ!!」と園児を並べる小学生は汗をかきながらもとてもうれしそうだった。

この日、小学生が帰るときには「また来てね〜」と追いかけていって手を振る幼児たちの姿があった。

後日、この日の交流について学校と幼稚園双方による事後の話し合いが開かれました。

小学校からは、「『小学生が本気で遊んでどうする！』って怒っておきました」「小さい子相手に本気になる姿にがっかりした」という意見が出ました。それに対して、幼稚園としては、「小学生が遊びたいのは自然である、園児は本気で相手をしてもらったからこそうれしかったと思う」「本気でぶつかったからこそ、相手を思いやったり、親しみを持ったりするのでは？」と幼児たちの姿や本音を伝えました。

「たくさん、怒ってしまったけれど、そんないい場面があったなんて明日は少し優しくなろう」という小学校の先生の言葉が印象的でした。

交流を何回も続けてくると年長児は複雑な気持ちになってきます。ふだん自分たちが中心になって遊びを進めている場にルールを無視した侵入者がやってくるわけで、自分たちの遊びはできなくなるからです。

■記録　小学校との交流のエピソード　２

野球ごっこを楽しんでいた年長児。いつもはピッチャーとバッターで楽しんでいたのだが、小学生が入ることで三角ベースになり、打順はなかなかまわってこない。「おまえら、守ってろ！」の一言に何をどうしたらよいかわからずに、遊びから抜けてしまったコウジ。保育室のテラスのところに座り大きい声で泣いていた。

保育者「どうしたの？」

コウジ「小学生が来るから悪いんだ！」「帰って！　みんな帰ってよ‼」とグランドに向かって叫んでいた。

結局、保育者といっしょに泣きながら打たせてもらったのだが浮かない表情。小学生も「俺たちだけで打順回してたからだよな……」。

その日、小学生が帰る時にはコウジは出てこなかった。

こうした姿を見ると、やはり本気でぶつかりあい、交流することこそが子どもたちを成長させるものだという当初の思いが、よりはっきりした確信になりました。ホームグランドである自分たちの幼稚園では自分たちのルールがあり、子どもたちは自信を持って生活しています。突然の侵入者により自分たちの生活が乱されていくことへの不安もあったことでしょう。そこを必死で守ろうとする子どもたち。子どもが仲良くなるまでには相手を受け入れたり、自分の力を見つめたり、心の葛藤がたくさん必要とされます。簡単にはいきません。幼いながらもホームグランド、自分の王国から出て他の人々と必死にかかわろうとする幼児たちをしんぼう強く見守っていきたいと、これからの交流に大きな期待を寄せるようになっていきました。

2）本気の交流の中で、子どもたちは豊かに学ぶ

では、このような本気の交流の中で子どもたちは何をし、何を学び、どのように成長しているか、二つの事例をもとに考えていきたいと思います。

「本気で」と言葉で言うのは簡単ですが、保育者や教師が敷いたレールの上を走らせることを目標にしない取り組みというのは、大人たちが予想もしなかった展開をするものです。ときには、子どもたちにとっても大人たちにとってもどう対応したらいいのか、困ってしまうような事態――「学びの物語」の視点でいえば、それこそが「困難に立ち向かう」場面であるわけですが――が起こってしまうものです。

その代表的な出来事であった「カエル事件」の記録をまず見てみたいと思います。

■事例９　年長き組「カエル事件の記録」　記録者：鈴木三枝子

◇５月22日　【ガマ君をよろしくね】

附属小学校の二年生が交流にやってきた。自分のやりたい遊びをしているなかで生まれる自然な交流を期待して、幼稚園児が自由に遊んでいるところへ、小学生が来て思い思いが好きに遊ぶスタイルで行われた。遊んでいる間に、幼稚園に代々住み着いているヒキガエル（幼稚園児は親しみをこめてガマ君と呼んでいる）を見つけた。

二年生が帰る際、カエルを連れて帰りたいと言い出した。き組（年長）の幼児は「連れて行っちゃいやだ」という子が多かったが、「また幼稚園に来る時に連れてきて、飼い方を教えてあげる」という二年生の提案を受け入れ、年長児たちは大きな声で「ガマ君をよろしくね！」と二年生に手を振った。

◇６月３日　【私たちの気持ちはどうなるのよ！】

再び二年生が来る日。二年生に兄がいるタイチが登園後すぐに、青い顔をして担任の所へやって来た。「あのね……ガマ君逃げちゃったんだって！」それを聞いた年長児たちは、息をのんで黙ってしまった。静まり返った保育室の中で、サトミが「だから、連れてっちゃいやだって言ったのに！」と声をあげた。他の幼児も同じように思ったのかもしれないが、二年生に対する遠慮もあってか、困った顔をしてみんな黙っている。担任が「小学生だからって、みんなが我慢していることはないと思うよ。サトミちゃんみたいに怒ったっていいと思う」と話すと、堰《せき》を切ったように「ひどい！」「ちゃんと返してくれるって約束したのに！」と言い出した。

そこへ、二年生がやってきた。二年生は、カエルの代わりに……と、グッピーやアマガエルを持ってきてくれた。そして口々に「ごめんね」と言う。年長児たちは困った表情で遊び続けていた。一人の二年生が年長組担任の所へ来て、「代わりのカエル持ってきたんだから、もういいじゃん」と言う。そこで、年長組担任は思わず「代わりのカエルでいいなんてことはないよ！　あなたがいなくなったら代わりの子どもでいいですって言ってるのと同じでしょう？先生は、そんなのはいやだよ！」と言った。すると、近くで遊んでいたユマやカナエが、「私たちは、ガマ君じゃなきゃダメなんだよ！」「代わりとか、ごめんとかばっかり言って、私たちの気持ちはどうなるのよ！」と言い始めた。二年生（とりわけ、カエルを家に連れて帰って、結果的に逃がしてしまった二年生A）は、困って黙り込んでしまった。

記録者：渡辺沙智子

◇6月5日　【俺に休めってこと?】

小学校の生活科の公開授業。次の幼稚園との交流に向けての話し合いが行われていたが、カエル事件についてふれないわけにはいかなかった。二年生は「Aくんの顔を見ると、カエルのことを思い出しちゃうよ」「きっと許してくれないと思う」「(カエルを)どうして連れてきたんだよ？(おまえが連れてこなければこんなことにはならなかったのに！)」と口々に言い始める。

A「俺に明日、休めってこと？」とがっかりした様子。隣の席の女子が「そんなこと言ってない！　休んじゃダメだよ！！」と必死にかばい始めた。「俺、今日、沼に行ってカエル探すかなあ」とAが言い出すと、「あのカエルじゃないとダメなんだよ。許してもらえないんだよ」という声があがり、Aはどうしていいかわからなくなってしまった。

結局二年生が考えたことは、幼稚園児がカエルのことを忘れるぐらいに楽しく過ごせるように、「カエルのことは忘れて楽しく遊ぼう」ということだった。

授業が終わった後も、Aは下を向いて肩を落として歩いていたので、「明日、幼稚園で待ってるからね！」と幼稚園から参加していた私が声をかけると、ようやく笑って「うん、明日ね！」と手を振って言った。

◇6月6日　研究公開の日【これが私たちの気持ち！】

二年生は幼稚園へやってきてすぐ、園庭に小学生だけで集って、この日の交流授業の『めあて』の確認を始めた。今日の授業の『めあて』は、「○○○のことは忘れて、楽しく遊ぼう」

というものだった。（カエルと書くと幼稚園児が思い出してしまうかもしれない、「もう帰る」などの言葉もあえて使わないようにしようという配慮だったらしい）。Ａも年長組担任に向かって「先生！　おれ、来たよー！」と手を振ったので、「待ってたよ！」と迎え入れた。ほとんどの二年生は、何事もなかったかのように振る舞い、幼児の遊びにかかわっている。年長児も、先日怒ったことで気がすんだのか、楽しく過ごしていた。

しかし、カエルを逃がしてしまったＡを中心に二年生五〜六人が、「もしかしたら幼稚園に戻ってきているかもしれないから……」と、軒下や畑のまわりなどを這いつくばるようにしてカエルを探していた。結局、カエルは見つからなかったが、二年生のＢが真っ黒になった体操服を見せながら「見つからなかったけど、これが私たちの気持ち！」と笑顔で言ってきた。年長組担任が、そのことを年長児たちに伝えると、みんなホッとしたような顔をして笑顔になった。

◇6月中旬　【ガマ君はどうなった？】

年長組で、保育者が考えた話（たとえば、幼稚園のインコがお散歩に出かけて、トンネルに入りました。など）の続きを考えて絵を描き、発表するという活動をした際に、「小学生の家から逃げ出したガマ君は、どうなったでしょう？」という課題をなげかけてみた。

「車にひかれそうになりながらも、幼稚園のそばの魚屋さんを見つけて、無事、幼稚園にもどってきた話」や、「他の幼稚園を見つけて、お嫁さんと幸せに暮らした話」、「魂になってエジプトに飛んで行った話」、「小さいカエルに変身して逃げ出してお家に帰った話」など、さまざまな話ができた。また、家に帰ってから、「ママ、（国道）4号線を車で通る時には、ガマ君に気をつけてね！」と念を押した子もいたようだ。

◇7月　【ガマ君おかえり！】

子どもたちといっしょにプール掃除をしていた時に、小さなアマガエルが跳びはねてきたのを見つけたマサキが「ガマ君が小さくなって戻ってきた！」と言い、みんな興奮気味で口々に「ガマ君おかえり！」と、喜び合った。

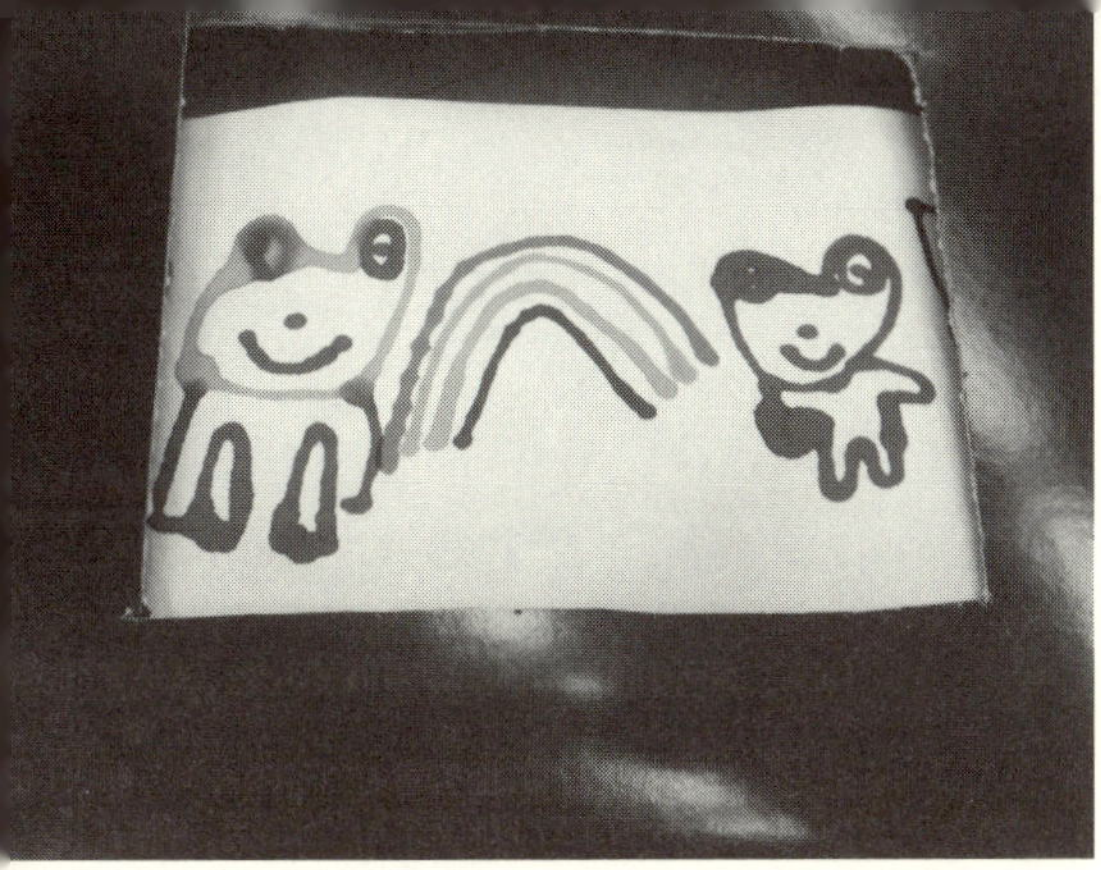

ガマくんのおはなし

〈振り返って気づいたこと〉

小学生との交流は、ただ同じ時間を過ごせばいいのでもなく、どちらかがお客さんになってしまうものでもなく、自然な形でかかわりあえたら……と考えていた。カエルが逃げてしまった件は、事前に二年生の担任から知らされてはいたが、この偶然のハプニングを、子どもたちはどう受け止めて、どう向き合うのか？を見てみたい気持ちになり、あえて成り行きを見守ろうということになった。年長組担任も、見守ろうと思っていたのだが、「代わりでいいじゃん」の発言に、担任が「代わりのカエルでいいなんてことはないよ！」と言ったことがきっかけとなり、幼児たちの心が揺さぶられる結果になったとも考えられる。小学生に対して遠慮して言いたいことが言えなかったり、むしろ何事もなかったかのようにふるまおうとしたりする姿も見られていたのに、保育者の言葉に背中を押されたかのように表出した思いは、とてもしっかりした言葉で伝えられており、驚かされ、感心させられた。

さらに、当日は、あまりピンときていなかったような子たちも、後日、ガマ君のお話を考える時には、本気でガマ君の幸せを願う内容になっていたし、小学生が真剣に向き合ってくれて、「これが私たちの精一杯の気持ち」と伝えてくれたことからも、『本気で向き合う機会』を持てたことは、子どもたちにとって、貴重な体験となったと思われる。

この記録を読んでもっとも強く印象づけられるのは、小学生たちの「豊かな学び」ではないでしょうか。幼稚園の保育者たちは、大切にしていたガマ君行方不明事件に対して、「この偶然のハプニングを、子どもたちはどう受け止めて、どう向き合うのか？を見てみたい気持ちになり、あえて成り行きを見守ろうということになった」という姿勢で臨んだと書いています。そうした「自然で本気の交流」をめざして見守ろうと思えたのも、これまで「幼児たちの学びの姿」をたくさん見てきたからにちがいありません。

その結果、どんな子どもたちの学びが見えてきたでしょうか。

六月五日の公開授業の時の、子どもたちの真剣な話し合いには圧倒されるものがあります。ガマ君を借りたいと言いだし結果として逃げられてしまったA君に対して厳しい批判の声が上がります。「許してもらえない」「連れ出したA君が悪い」、本音で子どもたちは話し合っていることがわかります。

A君は、痛烈な批判に落ち込みます。「俺に明日、休めっていうのかよ」と、仲間に理解と助けを求めます。隣の席の女子の「そんなこと言ってない！　休んじゃダメだよ!!」という言葉に、どれだけ救われた思いになったことでしょう。しかし話し合いの結論は、それほど芳しいものではありませんでした。「俺、今日、沼に行ってカエル探すかなあ」とA君は知恵を絞りますが、「あのカエルじゃないとダメなんだよ。許してもらえないんだよ」という声があがり、A君は「どうしていいかわからなくなってしまった」のです。

ここに繰り広げられているのは、まさに「学びの物語」が掲げる四つめと五つめの「学びの姿」――すなわち「何かをともにする」ときの参加のレパートリーである「コミュニケーション」と「相手の立場に立って考える」姿――です。A君だけでなく、隣の席の女の子も、他のクラスメートもそれぞれ、園児の立場に立ったり、A君の立場に立ったり、クラスメートの立場に立ったり、さまざまな視点から自分の行動を振り返り、解決の手立てを考えています。

交流の当日、子どもたちはカエルの話をしないようにして楽しくやろうと決めますが、その決まりは簡単に破られてしまいます。もしかしたらカエルが戻ってきているかもしれないから、そしたらみんなが笑顔になれるからと、居ても立ってもいられず子どもたちは這いつくばって、服の汚れも気にせずに辺り構わず探し回ります。その真剣さが幼稚園の子どもたちの心を打ったのでしょう、担任保育者からその話を聞かされてみんな笑顔になったと記録にあります。

3）「豊かな学び」をどのような言葉で表現するか

こうした一連のハプニングの中で、小学生たちは何を学んだと言えるでしょうか。

A君をはじめとして小学生たちが学んだものは、「失敗するのはいけないこと」というようなきわめて皮相なもの――そうした短絡的な「結果責任」的評価の仕方は今の社会が侵されている深刻な病です――をはるかに超えたものです。その学びを端的に表現するのはむずかしいですが、やはりここでも「テ・ファリキ」の言葉を借りたいと思います。

テ・ファリキは言います。

「遊びが意味のある学習として尊重され、自発的遊びの重要性が認められる環境」があるとき、「子どもたちは、（まず）物事を決め、自分で選び、自分の問題を解決する能力を発達させる。（次に）知らないことや不確かなことというのはよき学習となるためのプロセスの一部であるという態度を発達させる」と。

後半に書かれている「知らないことや不確かなこと」、つまりどのように解決することができるかがわからないような状況に今後直面したとしても、その後には必ずや「よき学習」、つまり新たな学びが始まるという期待をもって臨むことができるのだと、A君たちは学んだことでしょう。

テ・ファリキには次のような一節もあります。

「子どもたちは他の子どもたちとともに学ぶことが促される環境を経験する」と、「他の子どもたちとの関係を作り、維持し、楽しむためのストラテジー（方法・戦略）とスキル（力）を発達させる。その中には、多様な場面の中で、順番を守ること、問題を解決すること、交渉すること、他の人の視点に立つこと、他の人の助けとなること、他の人の態度や感情を理解することなどが含まれている。」

そしてまた、「他の人の視点にたって考える能力や他の人に共感する能力を徐々に発達させせ」たり、「グループの決定に対して責任を持つことを含めてグループの要求や幸せに対して責任を感じ尊重するという感覚を発達させる」ことができると書いています。

A君は、自分の行動の結果、クラスや幼稚園の友だちに申しわけないことをしたと感じたことでしょう。しかし、「相手の視点に立って考え行動する」ことが何らかの形で問題解決につながるものであることに、これまで以上に確信が持てたことでしょう。そうしたことを通じて、彼は「グループの要求や幸せに対して責任を持って生きる」とはどういうことかを学んだことでしょう。

泥パックやっちゃった！

トトロになった気分です……

さらに、テ・ファリキにはこんなすてきな学びも書かれています。「子どもたちは、情緒的な快（＝心地よさ、笑顔あふれる日々と言い換えてもいいでしょう―引用者）が育まれるような環境を経験する」と、「人間的価値の感覚と、人間的価値はその日の行動や能力によって決まるものではないという知識」を身につけていくと。

ここで言う「人間的価値の感覚」とは、子どもが自分自身を尊重に値する価値ある人間であるということを実感するということを指しています。A君は、自分がやった行動がもたらした「失敗」「迷惑」に落ち込んでしまいました。しかし、保育者の励ましがあり、そしてみんなで話し合ったことで、最終的にはみんなが笑顔になりました。そうした一連の出来事を通じて、失敗や自分の能力などによって自分の人間としての価値がなくなったり、大きく減じたりしてしまうものではないのだということを、切実に学びとったことでしょう。

4）幼児たちが学ぶもの――もっと豊かな学び手へのあこがれ

では、幼児たちは交流の中で何を学んでいるのでしょう。

もちろんさまざまな経験をしているのですが、もっとも中心にある学びは、小学生のお兄さんやお姉さんのようになりたいという「あこがれ」の育ち――「学びの物語」の視点でいえば、あこがれとは自己のアイデンテティへの「関心」です――ではないでしょうか。次に紹介するのは、小学生へあこがれる三歳児の姿です。

■事例12　年少もも組ノリコ【やさしいお姉さんになる】　記録者：鈴木三枝子

◇6月　附属小2年生（生活科の授業）との交流保育の日

二年生の女子がシロツメクサで指輪を作ってアユムの指にはめてくれた。アユムがそのまま保育室へ戻って、指輪をはめたままお絵描きをしていると、周囲の幼児が「それどうしたの？」「○○ちゃんにも作って！」と口々に保育者に言ってきた。そこで、「じゃあ、小学生のお姉さんに頼んでみようね」と、保育者が先ほどの女子を探しに行ってみたが、見つけられなかった。

そこへ、二年生のアヤナがやってきたので、「シロツメクサの指輪を作った人を探しているんだけど、見つからなくてね。もも組の子がほしいって言ってるんだけど……」と話してみた。アヤナは、「今、私、鉄棒を教えているんだけど……、わかった！　すぐ来るから待ってて！」と言い、鉄棒を教えていたみどり組の女児に「ちょっと待ってて」と話し、走って戻ってきてくれた。アヤナはもも組のテラスで、もも組の幼児に指輪を作ってくれた。「あ～、疲れるのよね……」と言いながら。

ふだんは、自分がしてほしいことをなかなか言えないでいるノリコが、アヤナが「あとは？やってほしい人いる？」と聞いてくれた時に、サッと自分の人差し指を出した。アヤナに指輪をはめてもらった指を、ノリコはうれしそうに見つめ、しばらくして、自分の鞄の中にしまった。

後日、ノリコの母から、四コマ漫画付きのコメントが連絡帳に寄せられた。

「附属小二年のお姉さんにシロツメクサの指輪を作ってもらったことが、とてもうれしかったようです。カバンの中を一生懸命探す顔と「やさしいお姉さんになる」と言った笑顔が心に残りました」

〈振り返って気づいたこと〉

初めに指輪を作ってくれた小学生の名前を忘れてしまったのだが、自分からは幼児に関わることが苦手そうなおとなしい感じの子だったので、できればその子に他の幼児の分も作ってもらって、「ありがとう」が言えればよかったと思った。小学生も幼児も、相手に興味はあって関わりたいのに、なかなかきっかけがつかめない様子がうかがえるのだが、今回の指輪のようなことが関わるきっかけになることもあるようだ。

ノリコは、指輪という魅力的なものに心を動かされ、恥ずかしい気持ちも乗り越えて自分から指を出せたのだろう。そして、優しく接してくれたアヤナに憧れを抱き、「私もやさしいお

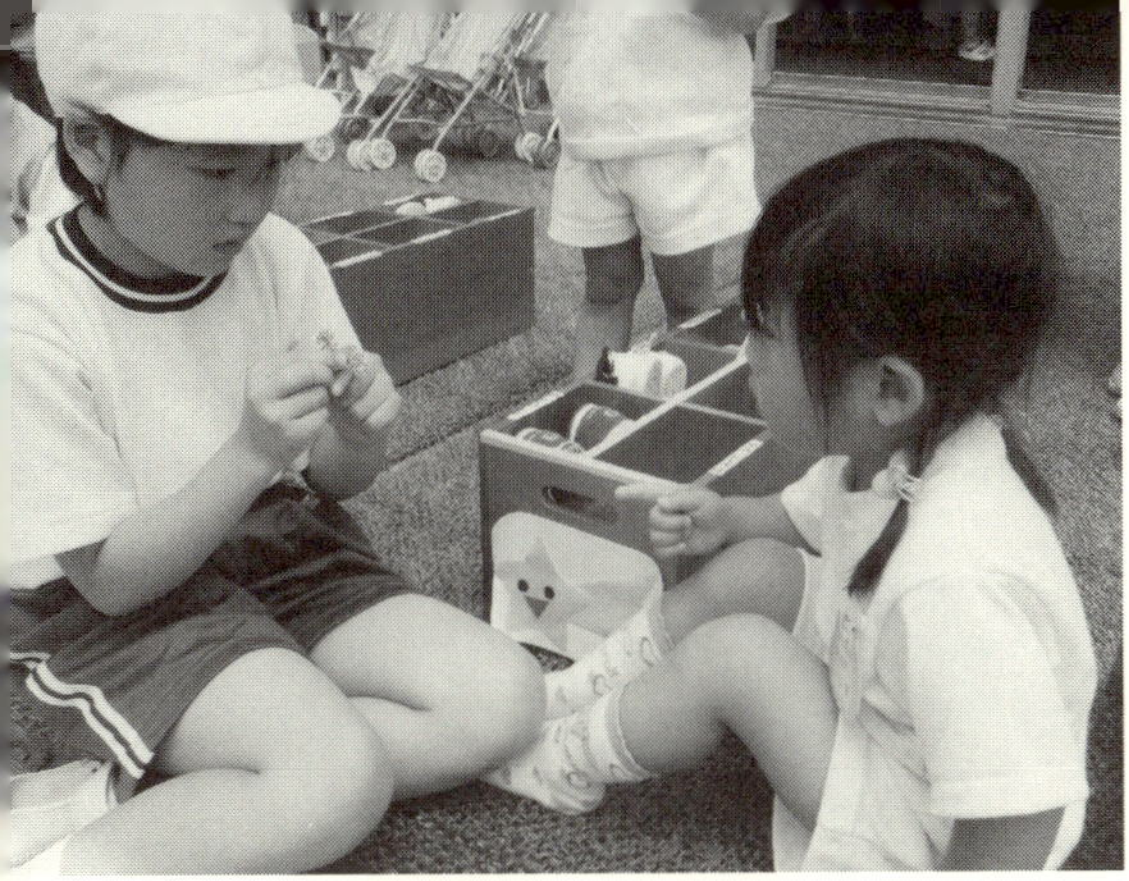

お花で指輪作ってあげる

姉さんになる」という気持ちをもつことができた。このことは、ノリコにとって大きな育ちにつながる体験だったと思われる。

ノリコの母からの連絡帳のコメントがなかったら、ノリコの思いには気づくことができなかっただろう。ノリコの母は、「学びの物語」を見取る目をもっている。「保護者の見取り」も学びの物語では大事な要素で、保護者もいっしょに学びの物語をつづっていくことができることを学んだ。また、こうしたエピソードを園だよりや学級だよりで紹介していくことで、他の保護者にも学びの物語の考え方が少しずつ広がっていっており、子どもを見る目が変わってきていることを実感している。

〔次はどうする?〕

ノリコが安心して自分を出せる存在になれるよう、ノリコと保育者との距離を縮めていけるようにしたい。もしかしたら、ノリコは、幼稚園でも小さなサインを出しているのに、大人が気づかないでいることもあるかもしれないので、ノリコの母とも連携を図りながら見ていきたい。

小学生との交流については、今回のような自然なかかわりの中で生まれるそれぞれの思いを保育者が見取り、それを小学校の教師にも伝え共有することで、研究に生かしていきたい。

三歳のノリコちゃんが小学校へ入学するのはまだ先の話です。しかし、「優しいお姉さん」とのふれあいは、彼女の中にはっきりとした「あるべき自己像」を作り上げました。

いつもは、「自分のやりたいことも言葉にできなかった」ノリちゃんが、おうちでお母さんに「私も、優しいお姉さんになる！」と宣言したとき、お母さんはどんなに驚いたことでしょう。わが子の中に育っている力強い意思に、頼もしさを感じてうれしかったことでしょう。今のノリちゃんは、まだ「お姉さん」とはとても言えないような段階かもしれません。しかし、自分をそうした「相手のことを考えられる人間」になれる存在として意識し始めたことは、大きな成長につながる確かな一歩だと言っていいでしょう。

ところで、幼小の接続の議論の際に、幼小の間にある学習や生活のスタイルやルールのちがいをどのようにして少なくするかという点に、よく焦点が当てられます。そういうことを「滑らかな接続」とか「段差を小さくする」のが大事などと言われます。そういう意見に対して、段差はあって当然なのであって、段差を小さくというのはやや過保護に過ぎないか、それをどう乗り越えさせるかが重要だという意見もあります。

段差が大きかろうと小さかろうと、いずれにしても子どもは段差を乗り越えなくてはなりません。私たちがもっと議論すべきは、段差を埋めることではなく、たとえ滑らかではない段差があったとしてもそれを乗り越えるのに必要な、子どもの力とはどんなものなのかという点にあります。

トンネルの中から　こんにちは

そのヒントがここにあります。ノリコちゃんはまだ三歳であるにもかかわらず、自分よりはるかに年上の二年生のお姉さんのようになりたいという強いあこがれを抱いています。そのあこがれは、小学校という大きな段差を乗り越えさせていく力の源となっていくものです。小学校での学びと生活に大きな期待を抱き、そこで立派にやっていけることを誇りに思うからこそ、そのために努力もし自分を見つめることもできるのではないでしょうか。

ノリコちゃんは大きなお姉ちゃんに自分がなりたいというだけでなく、そういうお姉さんになれるだろうという予感、言い換えると「可能性としての自己像」を自分で学び取ったのです。今の自分と、小学校二年生のお姉ちゃんとが、彼女の中では連続しているのです。

子どもが幼児期に形作る自己像こそ、小学校へと跳躍していく子どもを支えるものではないでしょうか。テ・ファリキは、小学校との接続を考えたとき、「自分は有能な学び手である」という確信と自己像を作ることが幼児期の保育の中心目標になるべきだと書いています。自分は、自分なりの努力や熱中や失敗を通じてさまざまなことを学び解決できる人間であるという実感と意欲、あるいは仲間とともに責任ある行動ができる人間であるという経験と確信、さらにはまだ見ぬ自分が必ずや目の前にいる「お兄さんやお姉さんのようになれる」というあこがれ……、こうしたものすべてを含み込んだ形で自己像を作り上げていくこと、それが幼児期の最大の学びの成果ではないでしょうか。

2 どのような「学び」へ連続させるのか
――「学びの連続性」を考える視点として

前項の最後でテ・ファリキを再三引用しました。それは、子どもたちの豊かな学びを、どのような言葉で表現するのかということが、「幼小の接続」や「準備としての幼児教育」が頻繁に口にあがる今日、きわめて重要な問題になってきていると思うからです。

最近各地で、幼小連携のカリキュラムやその指針（ガイドライン）が小中学校と保育園・幼稚園の関係者が協力して作成する取り組みが広がっています。そこでは必ずと言っていいほど、「学びの連続性」や「発達の連続性」がキーワードになっています。しかし、そういうときに小学生たちの「学び」の本当の姿がとらえられたうえで、幼児期との学びが語られているでしょうか。

手元にある東京のある区の「保幼小連携」カリキュラムを見ると、小学校での学びにつながる大事な力として、「保育室の正面を定め、落ち着いて話を聞く時間を長くする」「展示物に文字環境を増やす」「ルールのある運動遊びを数多く経験させる」ことなどが挙げられています。それが、幼児期に育てるべき大事な「保育の成果」だというわけです。

他方、小学校では次のような工夫をして、円滑な接続を促すと書かれています。すなわち、「教室前面の掲示、装飾は必要最低限のものにとどめる」「学用品の管理や給食など、計画的な適応指導をする」「できるようになったことを一つ一つ認め励まし、学ぶ楽しさを味わえるようにする」。

これらの項目を読んでみると、小学校での最も重要な「学び」は、教師による一斉授業という形態、すなわち、正面を向かせて授業に取り組ませることにあると考えていることがわかります。幼児期の集団としての遊びや活動は、小学校での集団的な形態の授業によりよく適応するという点においてのみ、重要だとされてしまっているかに見えてしまいます。

しかし、先ほど見た交流の中での小学生たちの学びは、もっともっと豊かで人間的なものです。「テ・ファリキ」の言葉を借りて、その豊かさや重要性を説明しましたが、それらの力は本当の意味で人生を豊かに生きていくうえで大事な力です。

私たちが、幼児期の学びと小学校の学びとが連続していると言うとき、その学びとは何を指しているのでしょうか。これまでのたくさんの事例の中で、子どもたちは、この世界に参加するためのレパートリーを豊かにしていることを見てきました。先ほどの交流の事例の中で、小学生たちは「何かをともにする」という参加のレパートリーをさらに内容豊かで、より責任ある形で発展させていました。その学びは、私たち大人がつい想定するような表面的な学び——たとえば「みんなで仲良く、楽しく、手加減をしてあそぼう」——をはるかに超えて、深く豊かなものです。

幼児期の学びは、そうした豊かな学びにまっすぐに連続するのでなくてはなりません。

今日の国際的な研究によってもそのことは裏付けられています。アメリカでの長期にわたる発達の縦断的研究——質のよい保育を受けた子どもたちが生涯にわたってどのような成長・変化を遂げるかを十年以上にわたって追跡した研究の結論は、「幼児教育の経験は、子どもたちを受け身の学び手から、情報、支援、他者との交流を自分から率先して求める能動的な学び手へと変える」という点にあるというものです。[1] 自ら意欲を持って「情報や人にかかわろうとする」ことこそが重要な学びであるということが、今日の幼児教育研究の到達点なのです。わかりやすく言い換えれば、重視すべき「教育の成果」とは、「関心」であり、「意欲」であり、「ともにする」という参加の仕方なのです。授業を静かに聞く態度というのは、子どもたちの豊かな学びのほんの一部に過ぎません。そこにしか大人が注目しなくなってしまったら、子どもたちの豊かな学びは見過ごされ、その代わりに残るのはみじめなまがいもの——機械的で、意欲に結びつくことのない「学び」——になってしまいかねません。

子どもたちの学びは豊かなものです。

よ〜い　どん！

これまで見てきた事例はどれも、ごくありふれた、どの園でも見られる子どもたちの姿だと思われたことでしょう。格別に用意された教材や活動や方法もなければ、目を見張るような作品や能力の伸張もないと思われたことでしょう。私たちの実践にもし意味があるとすれば、ごくありふれた姿の中に豊かな学びがあるという事実を発見した点にあると考えています。その学びの姿に気づき、応えていくことで、どの子も集団の立派な一員として育つことができるということを明らかにした点にあると考えます。

今日の保育実践においても保育研究においても、「学び」というものをどういう視点でとらえるのかという点が決定的に重要な問題なのではないかというのが、このささやかな実践記録が提起している問題だと考えます。

「学びの物語」は、学び＝成長を、この世界への参加のレパートリーが豊かになっていくこと――すなわち、参加のレパートリーが徐々に「拡大し、複雑になり、協同的なものへなっていく」こと――としてとらえていました。再三引用した「テ・ファリキ」は、幼児期の学びの集大成を「学びの構え」の育ちと、「自分なりの理論を作る」力の中に見ようとしています。あるいは、「自分は有能な学び手である」という自己感覚、自己意識こそもっとも重要な学びの成果であるとしています。

こうした理論に比して、私たちはまだ、子どもたちの生き生きとした、豊かな学びをとらえるための「言葉」＝「定義」を持ちえていないのではないでしょうか。その課題に立ち向かう一つの材料としてこのささやかな記録を活用・検討していただければ、というのが私たちの願いです。

〔注〕

（1）K.Sylva,School influences on children's development,Journal of Child Psychology and Psychiatry,34 (1),1994

第5章

附属幼稚園の「学びの物語」実践の意味

1 保育者が変わるということ

白石　昌子（福島大学）

1）附属幼稚園の実践を見続けて

私は、福島大学教育学部幼稚園教員養成課程に赴任した一九八二年から、教育研究会（公開保育）や教育実習などにかかわりながら、ずっと附属幼稚園の保育を見続けてきた。最初の約十年間は、二年保育のカリキュラムを確立する時期であった。一九九三年に三歳児クラスが増設されてからは三年保育の在り方を追究し、三年保育のカリキュラムを確立するために研究が続けられてきた。その努力は、二〇〇三年に、三年間の保育を見通した「年間指導計画」として結実した。教諭の人事異動はその間、数回しか行われておらず、とくに現在の「年間指導計画」の作成が始まったあたりからは、担任保育者三名の顔触れは変わっていない。この人事のことだけをとって

遠足での探検ごっこ

も、他の園とはかなり事情が違う幼稚園であると言うことができるが、さらに序章で紹介されている「大学附属幼稚園である」ということも特殊事情として挙げることができる。それは、「福島県の幼児教育界をリードしなければならない」という使命であり、保育はこうあるべきという姿を他に示さなければという姿勢である。年に数回の公開保育を開催し、そこに集まる保育者たちに新しい情報を提供しなければならないという使命感を常に持っていたようにも見えた。そのために公開保育に向けての保育者たちの精進ぶりは、側でみていても並大抵のものではなかった。保育者たちは皆、熱心で一生懸命保育に取り組んできた。そして附属幼稚園の保育者として経験を積むにつれて、しだいに保育の技量も身に付き、力量もあがっていった。

しかし、二〇〇八年度から「学びの物語」を研究テーマに保育を展開するようになって、附属幼稚園を見続けてきた私の目に、明らかにそれまでとは違った保育者たちの変化が映るようになった。この項では、私が捉えた保育者の変化と、その変化がなぜ起こったかを私なりに考えていくことを試みたい。そのことのために、まず保育者たちにインタビューをし、ざっくばらんに自分の変化について語ってもらった。その内容は、この本の別のところで保育者が述べていることとも重なっている。保育者の変化は三者三様である。しかしそれらを一つひとつ細かく追うことで、保育者それぞれの成長物語をまとめることがこの項の目的ではない。ここでは、「子どもを見る」ときの姿勢の変化を中心にしながら、その変化そのものについて考察したい。

2）カリキュラムを作るということ

附属幼稚園にとって、カリキュラムを作るということは、保育のあるべき姿を探る作業でもあったと思われる。二〇〇三年に完成した「指導計画」は、「遊び」を中心において「集団行動」「みんながする活動」「生活行動」を軸にして計画されている。それは、附属幼稚園が三年保育はこうあるべきと捉えた保育の姿を表現したものともいえる。カリキュラムにはさまざまなタイプがあるが、附属幼稚園のそれは幼児の社会性の発達を中心にしながら、集団の中で幼児の発達する姿を見定めながら計画されている。「幼児の姿」・「ねらい」・「内容」・「環境の構成」の四項目で組み立てられる「指導計画」は、きわめて詳細に具体的に記述されており、計画通りに保育を行うことによって、三年間の幼児の発達が保障できるということを前提としているようにも見受けられる。とりわけ「環境の構成」の項目には、教材はもとより、保育方法までを規定するほどのていねいさをみることができる。それは、「附属幼稚園の保育」として、保育者が異動になっても同じ保育が継続するように配慮された結果でもあるといえる。

このように作られた「指導計画」にそって展開される保育は、安定した一定の成果をあげ、子どもたちの成長に貢献してきたことは言うまでもない。また、冒頭に述べたような人事の特殊性も影響して、附属幼稚園の保育者集団としてのまとまりが生み出され、他の保育者がねらっていることがら、やらなければならないと思っていることがらを、まさに阿吽《あうん》の呼吸で察することができる保育環境もつくり出されてきた。

しかしその一方で、細かく規定されている教材を「こなさなければ」という余裕のなさも感じられた。とくに保育経験の浅い時期には、「この通りにやらなくては」と、ともすればカリキュラムの内容を深く考えないままに実践することにもなっていた。これは、教材や方法が詳細に記載されている「指導計画」であるからこそ、可能になる。また詳細であることは、同じ時期に同じ教材を同じ展開で行う保育が定着していくことにもつながっていく。

保育者の言葉によると、最初は考えている余裕もないが、経験年数が増してきていくぶん余裕がでてくると、次には子どもの様子に照らして、ほんとうにこの教材が適切なのだろうかと疑う「疑問期」がくるという。しかしその疑問は、自分のやり方に問題があるからうまくいかないのだろうという結論に至るしかない。そしてその次には、慣れがでてきて、この通りやってさえいればいいのだとほんとうの意味を考えなくなってしまう「慣れ期」になるという。

保育者たちへのインタビューの中で、非常に印象的であったのは次のような言葉である。

・目の前の子どもが、計画にある子どもの姿になっていないときは、自分が悪いと思っていた。自分の保育のしかたが悪いから計画にあるような子どもの姿に近づかないのだと。

・計画の中にある一つひとつの活動を疑っていなかった。疑問をもたないということは、子どもがどのように取り組むかということよりも、うまく展開するためにはどうすればよいかという方向に意識が向く。

・何かがもとにあって、それをなぞっていれば安心である。自分で考えてやるのは大変だが、この通りにやっていれば、きっとだいじょうぶなんだろうと思える。

これらの言葉からは、保育者にとってカリキュラムが、まさに「保育の教科書」としての存在になっていることがうかがえる。もともとカリキュラムとは、計画にすぎない。子どもが変われば、当然計画も変えざるを得ないはずである。しかし、附属幼稚園という特殊な環境の中で、「保育のあるべき姿」を追究する過程での一つの所産として作られた「指導計画」は、ともすれば「あるべき姿」そのものに変わってしまうのかもしれない。

3）カリキュラムが「べきである」ものとして捉えられるとき

オランダの著名な精神科医でもあり、現象学者でもあるヴァンデンベルグの著作を日本に紹介し、自らもまた現象学的心理学者である早坂は、その著『現象学をまなぶ』[1]の中で次のように述べている。「〝べきである〟のは現実が〝そうではない〟ことにもとづいている。現実はドロドロしており、あやまちや、できないことや矛盾にみちている。しかし〝べきである〟観念の世界では、あやまちは正され、できないことはあってはならず、矛盾はこえられなければならない。現実はそんなわけにはいかないのに、多くの看護婦(2)（教員）たちは、〝べきである〟という観念から出発しようとするために、〝そうではない〟現実の自分（や他人）は、いつでもダメな人間だと感じざるを得ない。その結果、努力家でまじめなナースほど、人間的には自虐的で劣等感のかたまり……という結果をつくり出すことになるのみならず、自分以外の人間（患者を含む）に対しても〝べきである〟ことをもとめるようになる」。さらに早坂は、この「いけない」「べきである」という感覚は、まじめで努力家の看護婦（教員）ほど根深く身についていると言う(3)。

早坂の右記の引用は、前述の「目の前の子どもが、計画にある子どもの姿になっていないときは、自分が悪いと思っていた」という保育者の言葉とぴったり重なる。早坂は、「自分が悪い」という自罰的な姿勢がどうして生まれるかについて、学問の在り方自体に問題があると指摘している。学問、言いかえれば科学における客観性の捉え方を問題にするのである。「科学にとっては、客観性こそ生命であり、厳密で明晰な因果関係と、状況に左右されることのない普遍的法則へ向けてデータを常に収斂《しゅうれん》させてゆく、そのために、曖昧なもの、〝主観的〟なものはすべて切り捨てなければならない、というのが、科学についての常識である。それは、あるがままの事象や対象に迫るための唯一の方法だと現代の多くの人びとは確信している。しかし本当にそうだろうか(4)」と、早坂は疑問を投げかける。

附属幼稚園の「指導計画」を、この引用にある「厳密で明晰な因果関係と、状況に左右されることのない普遍的法則へ向けてデータを常に収斂させて」いった結果できあがった「教科書」であると保育者が捉えるならば、その通りにならない現実に対して保育者がわが身をせめることになるのは当然の帰結であろう。結論から言えば、私は、今回の保育者に見られる最大の変化は、この考え方からの脱却であったと考えている。

4）カリキュラムは客観なのか？

早坂は具体的な事例を挙げながら、客観と主観の問題を次のように説明している。ここで早坂が例示している事例は、看護の世界のものではあるが、私は常々、看護と保育の類似性を感じている。看護が対象とするのは患者であり、保育が対象とするのは乳幼児ではあるが、そこで必要とされる営みはほぼ同じである。つまり相手の要求を読み取り、その要求を満たすようケアあるいは援助を行うことである。その意味でここに挙げられた事例は、そのまま保育の場の事例としても読みかえることができるであろう。

①「客観的」という言葉には二つの意味がある。一つは「多数の人に共有される」「一般的」という意味であり、もう一つは「対象（object）の姿を、よりあるがままにとらえる」という意味である。前者の意味での客観的認識が多数知であるのに対して、後者はしばしば、比較的訓練

された少数の人にしか開かれない、少数知という性格をおびる。ある対象の正確な認識に際して、この二つの「客観的」が結果として一致することはあるものの、前者が直ちに後者を、後者が直ちに前者を保証することはない。

②上記の二つの客観的認識のうち後者が可能になるためには、なみ外れた感性あるいは直観の鋭さか、きびしい訓練かのどちらかが必要となる。

たとえば、医師はレントゲン写真の中に素人には見えない病巣を「見る」ことができる。医師は、きびしい訓練によって鍛えられた結果、内臓の中におこっていること、あるいはできているもの（object）を正確にそのままに（objective）とらえているのである。

また、感性の鋭さは、次の事例から知ることができる。病棟にいる老人の患者は口がきけないので意思疎通が困難なのだが、とくに困るのは頻繁に失禁することだった。いろいろ工夫をしてはみるもののほとんどの看護婦が失敗を経験しており、みんな気が重くなっていた中で、一人の看護婦だけは一度も失敗がなかった。ある日婦長は「どうしてわかるの？」ときいてみた。するとその看護婦はびっくりしたように「アラ！　だってあの患者さんはいろいろ合図を出してくれますよ。私はそれを見て、尿器を入れてあげるだけなんですよ」と答えた。婦長がその合図を書いてくれと頼むと、数日後に二十いくつかの「合図」を列挙してきたという。

③客観的認識が真に客観的であるかどうかは、認識する人の主観的体験の表明を通じてしか確かめることができない。

したがって客観的とはどんなことかを問うことは必然的に、主観的とはどんなことかと問うことに導かれることになる。人びとは普通、主観的態度と客観的態度とは正反対の、相容れないものであり、前者は好ましくないが後者は好ましいと、なんとなく信じている。主観的認識が好ましくないのはそれが私的個人的にとどまっており、公共的一般的ではないからだとされる。たしかに認識が私的（訓練されていないという意味で）、個人的（一般に受け入れられないという意味で）にとどまるとしたら、それはいかなる意味でも客観的ではない。それは俗にいう「独断と偏見によるキメツケ」である。こうした認識は主観主義にほかならない。主観主義は主観的認識の一つではあるが、主観的認識はいつでも必ず主観主義であるとは限らない。前述の医者や看護婦の例のように、きびしい訓練を経たベテランの、個人的ではあるが単純に私的ではない主観や、少数の並はずれて鋭い感性や直観の持ち主の私的個人的主観は、しばしば対象となる事象や相手のありようを的確にとらえるからである。

客観的認識と主観的認識とは正反対でもなければ相容れないものでもない。独断と偏見にゆがみがちな私的主観を公的な主観へかえていく努力によって主観的認識は少しずつ客観的になっていくのである。客観的認識とは、客観化された主観的認識にほかならないのだ。(5)

保育者たちは、「指導計画」は客観的に保育のあるべき姿を反映していると思っていた。そこから、客観と思っていたカリキュラムを単なる計画として捉えなおし、個人的・主観的にすぎないと思っていた自らの疑問や子どもをみる目を保育の中心におくという、別の枠組みに保育の立脚点を変えるのである。それは、保育や子どもの発達の「あるべき姿」が存在するという考え方自体からの脱却ともいえる。そのことを可能にしたのは、保育者が今までとは異なる目で子どもを見始めたからである。

5）「見る」ということ

われわれの「見る」という行為は、必ず何らかの枠組みをもっている。世界各国でベストセラーになった『脳の右側で描け』の著者であるベティ・エドワーズの理論を日本に紹介した石岡は、次のように述べている。「私たちは、生まれてからいままで〝見ること〟により数多くのデータを蓄えてきました。このたくさんの知識により、瞬時に見たものを認識できるのですが、ときにその知識が〝見ること〟の妨げになることがあるのです[6]」つまり、私たちは「目の前にあるものは、確実に見て認識できる」と信じているが、じつはそうではなく、「見たい」あるいは「見えるはずだ」と思っていることしか「見えない」のである。このようなフィルターは、自分の持っている知識や技能、所属する社会の文化の価値観、単なる思い込みなどさまざまなものによって形作られている。

フィルターを通した「見方」は子どもの姿を見るときにも当然起こっている。保育者が語ってくれた中に、「カリキュラムにとらわれていた時には、子どもの姿が『指導計画』に当てはまるかどうかという見方をしていた。そのため、子どもの見方が、自分に都合のいいところを拾う見方になっていた」という発言があった。しかし現実にはすべての子どもが「指導計画」に表されている姿になるはずがないのは、先に述べた通りである。「指導計画」が客観的で正しいという思い込みのフィルターを通した保育者の目は、「指導計画」にそっていない子どもの姿を嫌がってしまうのである。なぜなら、その姿を認めることは、自分の保育のいたらなさを認めることにつながるからである。

また同様に「今までの他の先生との子どもについての情報交換は、一人ひとりの子どもの姿ではなく、遊びの質に関わることだった」という発言も興味深い。附属幼稚園の「指導計画」は遊びの質を高めていくために、どのように環境設定をしていくかということを重視している。計画の通りに保育を展開することが命題になっていれば、保育者の目には、今、子どもの遊びがどのような状態であるか、それを計画にあるような姿にもっていくにはどのような環境が必要になるかというフィルターがかかることになる。その遊び自体を個々の子どもがどのように受け止めているかということは、保育者の興味の外になってしまうのである。

さらに、大人の持つ文化的価値観もフィルターとして強固である。本書二章の「スーパーねずみ色」のエピソードは、子どもにとってスーパーねずみ色が自慢の色であったことを保育者が納得し共感する過程である。ここで保育者は最初、「色がまじりあって汚くなってしまう」と思ったり、「せっかくの作品にどうして?・?」と残念に思ったりしている。この思いの背後にある、色水を全色混ぜてできた「限りなく暗いグレー」は、色としてはあまり肯定できないとか、作品をグレーに塗りつぶすことは思いもよらないことであるというフィルターは、保育者自身がこの国の文化的枠組みのなかで育つ過程で培ってきた価値観である。もっともこのエピソードでは、保育者は自分の価値観では捉えきれない子どもの行動を不思議に思いながらも一時ペンディングとし、さらに子どもの思いを探ろうと子どもを「見て」いくことで、最後には子どもの思いを理解し共感する結果となっている。

以上のように「子どもを見る」ことは、それほど単純ではない。私たちは自身が培ってきたさまざまなフィルターを通してものを見ているのである。対象のありのままの姿をみるためには、そのフィルターの存在を自覚し、フィルターの在り方自体に考えを巡らせなければならない。

6）何を見ようとするのか

保育者たちは、子どもを見る時の見方が変わったことについて、次のように感じている。

・今までも基本的に、子どもがやっていることはおもしろいと思って見ていた。でも、そこからどうする、となった時、指導計画にどう生かせるのかがわからなかった。

・おもしろいと思ったことを指導計画に埋め込むことができない。おもしろいと思ったことを、やってみたい方向に方向づけていくことが難しかった。

・前は、わかりやすい遊び、自分の中に見通しがあって、次の発展を考えられるような遊びを子どもたちがやっていれば、おもしろいことをしている、発展させようと考えていた。今は、わかりやすい遊びでなくても、すごいな、がんばってるな、考えてるなと子どもを見ることができる。

子どもはさまざまなことを考え出す。その子どもの姿は、同等に保育者の目に届いているわけではない。「指導計画」にそった保育をめざしていれば、子どもの遊びの姿が計画の中にうまく位置づけられないことも多々起こる。もちろん、それは保育者の力量によって変わってくることであり、指導計画に書かれていない遊びがすべて位置づけられない遊びだということではないはずである。とはいうものの保育者が自分でうまく位置づけられないと感じた時、保育者は心を残しながらも、その遊びを発展させることを断念してしまう。

このような見方が、子どもの記録をつづるようになって変化する。子どものあるがままの姿を、まずはそのまま子どもの姿として受け止めようとする姿勢に変わった時、子どもの本当の姿が保育者の前に立ち現れるようになる。「最近では〝おっぱいグッパイ星人のたまご探し〟などというじつにおかしな遊びでも笑って子どもの楽しんでいる姿から学びをみつけられるようになってきた。どんな遊びでも意味があって、子どもが興味を持ってやっていると今は思えるようになった」と保育者が自ら語っているように、「やらなければならない活動」としての「指導計画」の位置づけを自身の中で変えた時、今までは「楽しそうだけど、深入りすると時間がなくなってしまう、やらなければならないことはたくさんあるのだから」と敬遠した子どもの姿をきちんと受け止め、子どもの興味に沿って保育を考えることができるようになるのである。私は、附属幼稚園の保育者は、子どもの興味関心を受け止め、それを共におもしろがる素養をもともと持っていたと感じている。ただ、それがカリキュラムにとらわれすぎていたために、「見れども見えず」といった状況に陥ってしまっていたのだと思っている。

「キョウコちゃんの心の線」（三章）のエピソードのなかで、なかなか幼稚園や担任に慣れてくれないキョウコちゃんへのかかわり方に苦慮していた担任は、キョウコの行動からカーペットの線に意味をみつけ、それを手がかりにキョウコが保育室に入ることができるようにと考えていく。この保育者の観察力には、前に述べた老人の合図を二十数個も挙げることができる看護師と同じような鋭い感性を見ることができる。私は、記録をもとに話し合いをした過程の中で、このような感性の鋭さを何度も保育者たちから聞くことができた。

さらに感性の鋭さに加えて、記録にあらわれる子どもの姿から「次はどうする」と考えた時、子どもを見る視点も生まれてくる。同じ「キョウコちゃんの心の線」の最初の記録の「次はどうする」の中で、担任は「これまでの私の体験として、何が嫌なのかを探るのはなかなかむずかしく、探っているうちにどんどん幼児を追い込む結果になってしまったこともあるので、楽しいと思うことは何か？　興味を示していることは何か？　抵抗なくできることは何か？　と考えていったほうがいいように思う。そこで、遊びの中でキョウコが好きなことを探り、かかわるきっかけにしたいと思う」と述べている。そしてその視点からキョウコの姿を見ようとするのである。「遊びの中でキョウコがおもしろいと思ったこと（三輪車が坂道で勝手に走りだしてしまったことを見て、ニヤッとしたなど）を見逃さず、共感するようにし」ている。この事例も、ほんのわずかな瞬間のことであろう。もしも担任が「キョウコの好きなことは何か」という視点を持ってキョウコに注意を向けていなければ、見過ごしてしまうような些細な出来事である。

7）記録すること

ここで子どもの姿を「記録する」ということについて考えてみたい。今一度、主観と客観の問題に立ち返る。早坂は主観が主観主義に陥らないためには、次のようなプロセスが必要であると述べる。「対象のありようを忠実にとらえる客観的認識が透徹した人間関係を通じてのきびしい訓練によってはじめて可能になることは明らかであろう。事例の中の医師は、まさにそのような訓練を経てのみ現在あるのだといってよいと思われる。それでは、生まれつき特別ではないかと思われるほどの鋭い直感や感性の持ち主である看護婦は、そうした訓練が必要ではないのか。そうではない。いかに鋭く、的確な直観や感性であっても、それが私的直観である限り、ひとりよがりの主観主義に閉じこもる危険性は常にあるし、それに、仮に鋭い直感によって対象の属性や特徴を多くの人びとに先だって的確にとらえたとしても、主として言語化によるコミュニケーションを経ない限り、その直観の正確さは決して受け入れられないからである」[7]

つまり、どんなに感性の鋭い人でも、そこで捉えたことがらは、対象化して他の人と共有してこそ客観的なものになるということである。記録は、そのプロセスである。次の引用は早坂の現象学の講義を受けた看護学生の感想である。「〝自分のことは自分が一番よく知っている〟ということは大きな偏見であり、勝手な考えであるということを学んだ。自分を認識するということは、対象とどうかかわっているかということで、他人を通して初めて自分のことがわかる。現象学的に捉えたことを客観化していく中で、対象である人間を通して自分自身が理解されてくる。（中略）いつも患者さんのことを知りたいと思い悩んでいたが、それは自分自身をさらけだすことであり、自分を知ることであるということがわからなかった。また、自分一人では自分自身を知るということは不可能であり、自分の色めがねは自分では見えない。だから自分を知りたいと思ったらまず、対象である人との交わりをもつこと。そして対象を〝あるがままにみる〟ことになる。ここでは知ろうとしている自分がどういう状態にあるかを知らなければならない。それによってみるものがちがってきてしまうからである。自分を認識することの難しさをつくづくと感じてい

る」(8)

長い引用になったが、保育者が子どもの記録を書き、それをもとに他の人と話し合うというプロセスでは、この引用のようなことが必ず起こるのである。「困った子」を記録することから始めた当初、保育者たちは、否定的な子どもの姿ばかりが書かれている記録に嫌気がさしたと言う。それは、「このような目で子どもを見ている私」との対面である。そして「これではいけない」と思い、もっと「別の目」で子どもをみようとする。このことは記録を取り続ける限り、繰り返し行われる。それは保育者が自分を認識するプロセスでもある。

「おかおはやわらかかったの」(二章)のエピソードの中で、保育者は次のような気づきを書いている。「今回改めて保育者自身を振り返ってみて、マサルのようにあまり自分からアピールしてこないタイプの幼児の内面を探ることが苦手で、すぐに仲良くなろうとしてアタックしたり、遊ばせようとしたり、周囲の幼児と関わらせようとしたりして、焦ってしまっていたようにも思う」。このように自分の弱点をさらけ出し、そこからの気づきを素直に受け入れて次の保育を考える姿勢を持つことは、じつは当人にとって本当に厳しいことでもある。附属幼稚園の保育者たちはそのことに気づいていながら、それを実行することをいとわない。そして次のように語ってくれた。

・子どもの記録は、保育者の学びの物語になっている。「見る」ことは「待つ」ことにつながっていく。

・記録をとりだしてから、自分をみつめるようになった。
・記録をとることで、他人の意見を聞くことができる。いろんな接し方があってよいと思えるようになる。自分を客観的に見ることができる。
・記録をして話し合うことによって、まわりの先生からもその子のよいところを言ってもらえる。子どもの記録とは、単に文字化することではない。それをもとに他の人と話し合い、それを通して、記録した自分と向き合い、自分の「目」を見直すという一連の作業の中での保育者の成長の過程でもある。その結果、前述の「スーパーねずみ色」のエピソードのように、自分の価値観を一時ペンディングしてさらに子どもをみていく姿勢、今までなら戸惑いの目を向けていた「おっぱいグッパイ星人のたまご探し」のおもしろさを子どもと共有しようという姿勢、「見る」ことは「待つ」ことにつながると言いきる姿勢が形成されてきたのであろう。このような保育者自身の変容は、終わるということはない。ありのままの子どもの姿を記録し、他の人とコミュニケーションする限り、いつまでも続いていくのである。

8）カリキュラムと「学びの物語」

カリキュラムに縛られて余裕のない保育を行っていたと反省する保育者たちに、カリキュラムについての思いを質問したところ、次のような発言が返ってきた。

・もっとねらいをおさえなければならかった。今から考えると、それぞれの活動のねらっているところをきちんとおさえていれば、方法は違ってもよかったと思える。
・慣れがでてきて、本当の意味を考えなくなってしまっていた。たとえば、「宝袋作り」（二章）のように話をきちんと聞いてその通りにやれることも大事だが、一方では、自分で考えていくことがねらいになる場合もあるというように、別の視点で教材を考えることもできるのに、一方向からしかみていなかった。記録をとるようになって、本当に育てたい力は何かと考えるようになった。教材観が変わった。
・カリキュラムの捉え方が変わり、同じことをやっていても楽しい。一人ひとりがみえるから、変なものが出てきても楽しいし、子どもの思いがわかる。今までは成果にこだわっていたかもしれない。
・子どもを見ることによって、教材を提示するタイミングが「今だ」と思える。
・カリキュラムがあったからこそ、変わっていける。

保育者たちは、カリキュラムが不要であるとは思っていない。子どもを見ることによって、カリキュラムが本来の意味での計画として、保育者の中で捉えなおされたというほうがよいであろう。「指導計画」にある子どもの姿を「あるべき姿」と捉え、その姿に目の前の子どもを近づけようとする保育から、目の前の子どもの姿を「あるがままに」捉えて、その姿からねらいを考えて教材を選択する保育に変わったということである。本来、計画とはそのようなものであるはずである。

たくさんの教材をこなし、それぞれの教材の特性を知り尽くしている保育者にとって、子どもの記録から「次に何をする」と考えるとき、今まで経験している教材の豊富さは非常に強い味方でもある。ただ、それを「全部やらなくては」と思わなければよいだけである。何を次にもってくるかは、子どもの姿によって決まる。そこで保育者が何を育てたいと願うかによって決まるのである。そして教材を展開する方法は、唯一ではないはずである。さまざまな試行錯誤の末、いちばん妥当な方法が「指導計画」に示されているとはいえ、その方法でさえ、状況によっては変えることができるはずのものである。

附属幼稚園の保育者たちが子どもの姿が見えなくなっていたのは、カリキュラムがあったからではなく、カリキュラムを客観的真実として捉えていたからである。その考え方から脱却し、本来の姿としてカリキュラムを位置づけることができた時、保育者自身が保育を楽しみ、子どもの姿がよく見えるようになったということができるであろう。私は、そのことによって、「指導計画」に表された「附属幼稚園の保育」がまるで別の保育になるとは思わない。むしろ、「指導計画」を作っていたときに保育者たちが願っていた「よりよい保育」に近づいていくのではないかとさえ思っている。

〔注〕

（1）早坂泰次郎『現象学をまなぶ　患者の世界とナース』川島書店　一九八六年

（2）職名が看護師に変更される以前の著作であるため、書中で用いられている「看護婦」のまま引用する。

（3）早坂　同書　八頁

（4）早坂　同書　二九頁

（5）早坂　同書　三〇～三七頁

一般的に「客観的」という言葉は、多くの人が認めている（多数知）ことを根拠にして用いられる。曖昧なこと、個人的なものは「主観的」であるとして、科学の場では排除される。しかし、ここで早坂がいう「客観的」とは現象学的客観であり、従来の科学が主観的として排除してきた少数の人だけが認める事実（少数知）について、スポットを当てている。ここにある看護師の例を、「彼女の個人的な特性によって実現できる主観的なこと」とするのではなく、「患者をあるがままにとらえた客観的認識」として考えるのである。さらに③にあるように、この看護師の「客観的認識」が真に客観的であるかどうかは、彼女が「感じていた」老人の合図を書き出して、他の人と共有するという方法で確かめるしかないのである。その意味で、普遍的事実を求める従来の科学的アプローチにおける客観とは性格を異にしている。

（6）石岡裕邦『見る技術』ＰＨＰ　二〇〇七年　三〇頁

（7）早坂　前掲書　三七～三八頁

（8）早坂　前掲書　四八～四九頁

2 この取り組みで子どもは変わったのか？

原野　明子（福島大学）

1）子どもが変わったのか？

「学びの物語」に取り組んだことで「子どもは変わったのか？」というテーマで論考をすすめるに際し、まずはこの取り組みを附属幼稚園で行う以前の子どもたちの様子をふり返る必要がある。以前の子どもたちの様子がわかるものとして、学生時代から子どもや保育を見る目に私なりに信用をおいている卒業生から実習録を借りることにした。実習録には、担任の先生から「子どもたちがどんなことに興味をもっているかを中心にみていってごらん」と助言を受け、三週間の四歳児の遊びの様子が記録されていた。そして、その様子は今とは変わりなく、興味をもったことに繰り返し取り組んでいるものであった。

じつは、私は、子どもの遊ぶ様子はもっと違うものだったのではないかと予想していた。そしてこの数年で子どもが変わったとの印象をもち、それをここに書こうと考えていた。が実際の記録では変わっていない。そこでここでは、子どもが変わったと考えた背景を述べながら、附属幼稚園の保育がこの「学びの物語」の取り組みによってどう変わり、そこにどのような意味があるのかを、私なりに考えてみたい。

私が福島大学に赴任したのは、十年前のことである。初めて訪れる場所では、カルチャーショックとでもいうべき、これまでの自分のささやかな経験の前に想定外の事をつきつけられ精神的衝撃を受けることがある。それが自分にとって意味のある場所であればあるほど、その衝撃は大きい。私にとっての附属幼稚園での衝撃は、背中にゼッケンをつけたえんじ色の体操服を着た園児たちが、保育室の床に貼られたビニールテープの線にそって椅子を並べて座ったり、ビニールテープの線に囲まれた「おうち」の中に入って先生の話をきちんと聞いていたことであった。ゼッケンは、四歳児から二年保育で途中入園する子どもには数字に下線が引いてあり、三年保育と二年保育の子どもが一目瞭然で区別されていた。こうして書くと、全体主義的に一糸乱れぬ統制のとれた保育を目指しているようにみえるかもしれないが、腰を落ちつけてみるとそうではない。先生の話をきちんと聞いているといっても、子どもたちは自分の感じたこと、考えたことを素直に言っているようであったし、みんなといっしょの活動がやりたくなくて椅子に座ったままの子どももいたり、先生とずっこけて笑っている子どももいた。床の線も三歳児クラスや四歳児クラスにはあるものの、五歳児クラスにはないというように、年齢や時期により貼り方を変えてあった。とはいえ、私の目に最初に入ってきて心をざわつかせたのは、えんじ色の体操服とゼッケンと床の線だった。

では、なぜえんじ色の体操服とゼッケンと床の線に違和感を抱いたのだろうか。

それは、子ども一人ひとりの違いがまず服装ではわからないこと、そして一人ひとりを見ようとすると名前ではなく番号が目に入ってくること、つまり一人ひとりの子どもから醸し出される雰囲気よりも、番号で認識することが求められているように思えたからである。また、床の線は、そのとおりに動かなければならないという規制をかけられたうえで、子どもは動くことを求められていると感じたからである。これらのことからここの幼稚園では、子ども一人ひとりをみながら保育するというよりは全体のまとまりとしてみて、子どもたちがその全体の中にまとまるように保育することが目的なのではないかと印象を受け、それが私の中に違和感として残った。

しかし、長く続けられていることには意味がある。そこで、幼稚園にとって、あるいは子どもたちにとっての意味は何かと考えてみた。

えんじ色の体操服は、何と言っても動きやすい。汚れが目立たないし、洗濯をすぐにできそうだ。たしかに、子どもたちは汚れることを厭《いと》わず遊んでいるし、その分動きもいい。服装を気にして遊びに規制がかかるということはなさそうだ。おそらく親にとっても、多くの利点があるにちがいない。一方、ゼッケンは、ふだんから子どもに接することのない来訪者や教育実習生との話の際に手がかりになる。そして、床の線は子どもたちにとってもどう動けばよいかの手がかりになる。

園に慣れるに従い子どもの見分けがつくようになると、体操服の利点についての考えともあいまって服装に対する違和感もなくなってきた（数年後にゼッケンはなくなった）。しかし、床の線については、まだ考えるところがある。床に線を貼るのはテープという目に見えるものを手がかりとして動き、その経験の積み重ねで、その場でのふるまいを子どもに身につけさせることを目的としているのだろう。しかし私は、とくに幼児期に子どもには嫌な思いをしたり、喜びを感じたりする経験の中で、なぜしなければならないかを理解し、考え、判断し、動けるようになってほしいと考えている。この考え方の違いだけであれば、線の使い方と保育者の働きかけ方しだいでそう違和感をひきずらないはずである。私の「線」への違和感はどこにあるのだろうか。「キョウコちゃんの『心の線』の物語」の事例をみながら、もう少し詳しく床の線の意味について考えてみたい。また、それを通して、本題である「子どもは変わったのか?」について考えてみたい。

2）線があらわすもの

かつて、附属幼稚園で「学びの物語」の記録を取り始めた頃の記録に基づく協議（意見交換）

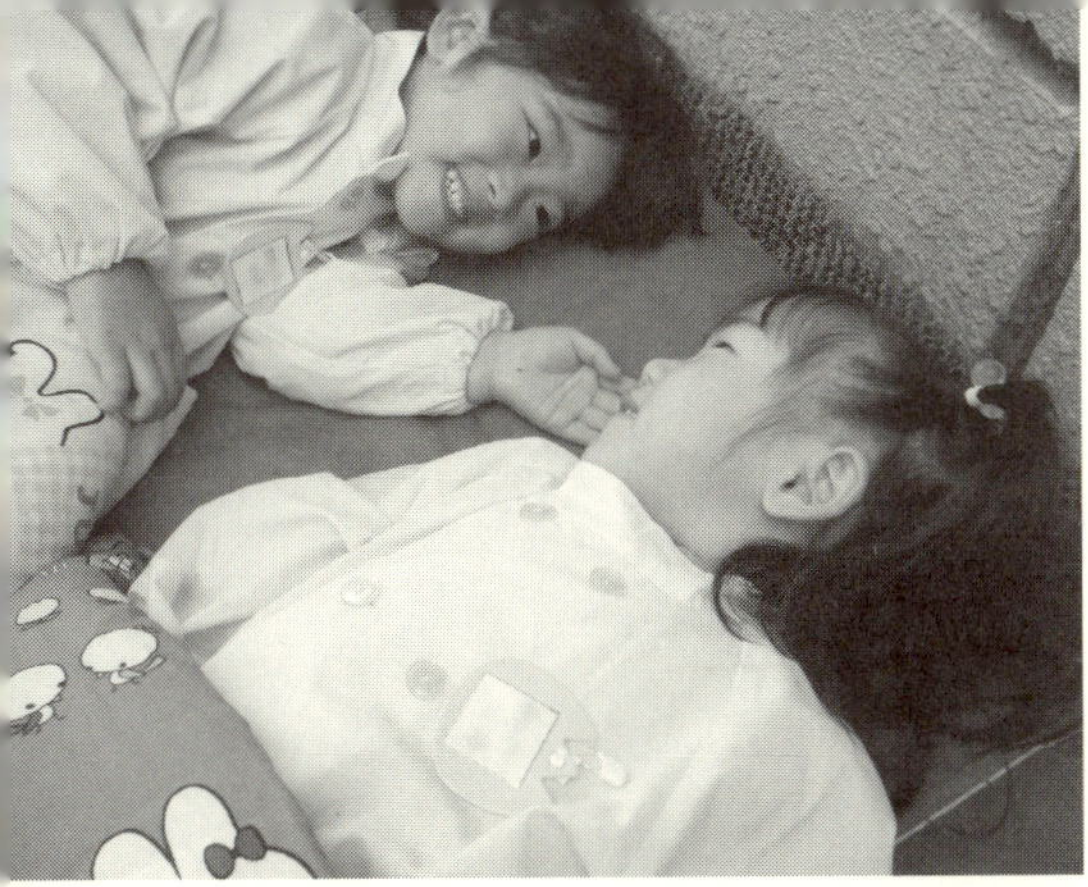
ナイショばなし……「あのね……」

の中で、サクラ（一章事例1）の気になる行動について話をしたことがある。その頃、ちょうど津守真氏の『保育の体験と思索』(1)を読み返していたところで、子どもの行動の背景の意味を、行動の奥にあるところから考えてみようと思っていたところであった。そこで、サクラの行動とトイレットトレーニングに関係があるのかを尋ねたところ、担任のトモミ先生の中でいろいろなことがつながったようだった。そのことをきっかけとして、私も子どもの行動を、これまでの心理学の手法に則った行動の数からの評価ではなく、意味を探ることで子どもを理解することに近づくのではないかという手応えとおもしろさを感じるようになっていった。

津守氏は別著『保育者の地平』の中では次のように述べている。「あるとき、私は子どもの行動を表現として見ることを発見した。行動は子どもの願望や悩みの表現であるが、それはだれかに向けての表現である。それは、答える人があって意味をもつ。私か、あるいはだれかに。解釈は応答の一部である。解釈がずれているときには、子どもはさらに別の表現を向けてくる(2)」。また、「子どもの心の動きを、表現された行動を通して、いかに読みとるかという課題が、保育者に課せられている。おそらく、子ども自身が、模索していてたずねあてることができなかったことに、おとなの助けによっていきあたることができる。そのとき、子どもはおとなから理解されたという実感を得て、次の生活に向かって進んでいくであろう(3)」とも述べている。子どもの行動を「表現として見ること」が、サクラの例からも私にはとてもしっくりとくるように思え、子どもと接するときにも、あるいは「学びの物語」の協議の際にも、「表現としてみる」ことを心がけるようにした。

さて、ここで話を「キョウコちゃんの『心の線』の物語」に戻そう。キョウコにとっての「線」は、乗り越えるべきものとして、キョウコの前に示される。たしかに、キョウコには見えない線がある。線の向こうには緊張に満ちた馴染みのない世界があり、線のこちらには親しみくつろげる母親との世界がある。何でもなしくずしにしてしまう私だったら、この「線」をうやむやにかしてしまうにはどうしたものかと考えるところだが、担任のミエコ先生は、その線をうやむやにするよりもはっきりと可視化した。乗り越えるものはここにあるんだよとキョウコに指し示したといえよう。〔次はどうする？〕には次のようなことが書いてある。「これまでの私の経験として、何が嫌なのかを探るのはなかなかむずかしく、探っているうちにどんどん幼児を追い込む結果になってしまったこともある」

では、ミエコ先生がこれまで「追い込む結果」になったことと、キョウコの前に引いた「線」とはどのような関係があるのだろうか。ミエコ先生が書いた「これまでの経験」は、もしかすると、子どもの前に「探った結果」の「線」を引き、（はっきりと目には見えないまでも）つきつけ、それが「追い込む結果」につながっていったといえるのではないだろうか。しかし、それはあくまでこれまでのことである。次に書いてあるように「楽しいと思うことは何か？　興味を示しているのは何か？　抵抗なくできることは何か？　と考えていったほうがいいように思う」とミエコ先生は考えるようになった。これは前の年までの「学びの物語」の記録にもとづく省察による成果といえるもので、その結果、キョウコとの「心の触れあい（心理的環境）も必要だとわかった」といえるのではないだろうか。

さて、ここから考えると、床の「線」の意味がみえてくる。この「線」は、保育者の意図にそわせるための線という意味のみならず、子どもたちを隔て、追い込むという意味ももつのではないだろうか。

たしかに、水道のところに並ぶときに、線に従うことで順番が守られる。多くの子どもたちがいる中で、保育者が水道のところで順番に並ぶことばかりにこだわってはいられない。線を頼りに子どもが並んでいるほうが安心できる。しかし、子どもたちにとって線に従って並ぶことが主目的になってしまえば、待っている間のおしゃべりも、ちょっと横にはみでて他のことを見ることもできない。いや、そうすることは許されなくなる。線を見、線から出ていないか子ども同士で監視しあい、子どもたちは並んで順番を待たなければならない。少し極端な言い方であるが、手を洗うときに並ぶことがそんなに緊張を孕《はら》んだものにならなければならないのだろうか。このことからわかるように線は、緊張を孕み、また子ども同士で監視しあい、関係を隔ててしまうところに追い込む作用をもたらす可能性もある。とはいえ、逆を言えば、緊張を必要とするときには線をどんどん用いればよいということにもなるだろう。

もうひとつ、子どもの行動を表現として見ることと「線」について考えてみたい。附属幼稚園では、三歳児クラスと四歳児クラスには、ビニールテープの線で囲まれた「おうち」がある。この「おうち」に集まって、先生の話を聞いたり、絵本を読んでもらったりする。五歳児クラスになると、「おうち」はない。しかし、子どもたちはだいたいかたまって座り、先生の話を聞いている。そうはいっても、実習生が前で話をするときには、子どもたちの座り方にややまとまりに欠けることがある。また、他の幼稚園に行くと、「おうち」がない園がある（そのほうが多いかもしれない）。子どもたちが集まって先生や実習生の話を聞いている様子をみると、先生の近くで話を聞いている子と集団から少し距離をとって後ろの方で話を聞いている子どもたちがいることがある。では、後ろの方にいる子どもたちの行動を心の表現としてみるとどうであろうか？　先生との心の距離なのだろうか？　それとも、先生の近くにいる子どもたちとの心の距離なのだろうか？　あるいは、単に遠くにいるほうが前の子の頭が邪魔にならずに見えるからなのだろうか？　いずれにしても、そこには先生に向けた子どものメッセージがあると考えられる。

しかし、「おうち」があると、そのメッセージは別の機会に読み取ることにならざるをえない。だからといって、「おうち」を単に批判しているのではない。しかし、子どもは「線」を手がかりに動くから「線」が必要だと無意識のうちになかば公式化して考えてしまうのであれば、そこには子どもを思い通りに動かそうとする意図が見え隠れしてしまう。その一方で、「線」を自覚的に使用しているのであれば、「線」で囲いこまれた子どもの思いを別の機会にとらえようと意識するのではないだろうか。

カラフル　水鉄砲！

保育者の専門性について、金澤が述べていることが、ここではあてはまると思われるので紹介してみたい。「自分の中にある発達観を問い直さずにいるといつの間にかそこへと子どもを追い込んでしまっているにもかかわらず、それが子どもへの発達援助であり、自分が抱いている姿・発達のイメージに到達・合致することが発達した姿であると思い込んでしまうことになりやすい。そして、自分の（発達の）枠組に入ってこない子どもの姿は、たとえどんな見方であってもその子の問題として見えてしまう。（中略）その時どきの状況や関係の中で、自分の発達観を自覚化し子どもの姿とすり合わせながら検討する機会がないと、保育者（保育にかかわるものすべて。たとえば、研究者、巡回指導員、親も）の考えるより良い育ちの方向・発達が保育者の中で絶対化し、独善的なものとなってしまう。子どもとのかかわりの中で、自分の発達観を自覚化し子どもの姿とすり合わせて検討し続けるところに発達援助の専門性がある[4]」

すなわち、先にミエコ先生が、「次はどうする？」で述べたことは、「自分の発達観を自覚化し子どもの姿とすり合わせながら検討する機会」があったことによる変化だといえよう。つまり、「学びの物語」の取り組みによって、保育者の「発達観」と言えないまでも、子どもの見方が変わったとはいえるのではないだろうか。

ここでは、「線」の意味を手がかりに、保育者の保育観について考えてみた。

ミエコ先生のキョウコちゃんに対するとらえ方は母親との関係で変化していったので「線」とは直接関係ないのだが、「線」という視点からも見えるものがあると思い、ここに書かせてもらった。

さて、「子どもは変わったのか?」への答えはまだみえてこない。そこで、次に、「表現」という観点から、「子どもは変わったのか?」について考えてみたいと思う。

3）子どもの行動を「表現」としてみる前に

先に引用した津守の文に「それはだれかに向けての表現である。それは、答える人があって意味をもつ。私か、あるいはだれかに」とある。つまり、「表現」には受け手がいるのである。そこでまずは「表現」としてみる前に、「答える人があっての意味」を考えてみよう。幼稚園にあっては、答える人は、主に「先生」であり、「友だち」である。では、答える人としての「先生」の答え方が、どう変わったのかを考えてみたいと思う。ここでは、以前の附属幼稚園の保育の様子や保育で心がけていることを書いた資料として、ひとつは先に述べた卒業生の実習録、もうひとつは、教育実習の際に学生があらかじめ熟読しておくべき本学のかつての「実習の手引き」をもとに検討したい。

まずは、実習録に書いてある保育の様子を紹介しよう。（子どもの名前は仮名である）

■事例1　記録者：教育実習生

◇9月16日（金）晴れ

ミホとユウコが玄関前で積み木を重ねておうちづくりをしていた。積み木で段差をつくり、一階、二階をつくり、それぞれ小麦粉粘土をこねていた。初めは粘土をさわったり、のばしたりして、その感触を確かめるようにこねている。冷蔵庫から出したばかりだったのか冷たく、「きもちいい～。つめた～い」といいながら、私（実習生）の手を粘土の上にのせる。「気持ちいいね」といいながらさわっていくうちに、ミホは指先で直径二センチくらいの円柱をつくり、ケーキだといって皿に並べ始めた。小さな米つぶのような粘土が落ちていたので、ケーキにのせて「いちご！」というと、ミホはそれを見て、自分で粘土を指先で丸め、ケーキにのせ、飾りつけをしていた。

一方、ユウコはプリン型に粘土をつめ、ケーキといっていたが、ミホが「つめたいね～」といったのが耳に入ったのか、そこから「つめたい！」と言い始め、いつのまにかプリンを作り始めていた。「プリンはつめたいんだよ」というので、「冷蔵庫に入れるかい？」というと、「うん」といい、いっしょに積み木をずらして棚をつくり、冷蔵庫をつくった。しばらくして戻ってくると、今度は積み木の小さな隙間を利用してオーブンをつくり、そこでケーキを焼いていた。するとそこへ、担任の先生がやってきて、「このオーブン、ボタンないの?」と声をかけ、ボタンをつくることにした。ペットボトルのキャップをセロテープで貼っていき、ボタンをつくり、オーブンをつくっていった。

この事例の保育者の意図を聞くこともなく、ここで例として出すことは大変失礼なことだとは思うが、お許しいただきたい。というのも、子どもたちがおうちごっこをして遊んでいるところにやってきた保育者が、「くつが散らばってますねえ。玄関はどこですか?」などと、子どもの遊びの流れとは別のことを投げかけていくのを何度か見た経験があり、この事例と同様にわりとよくあることだと考えたからである。ここで見える「答える人」としての保育者は、まずは遊んでいる対象と内容を可視化できる形で明確にし、そこから子どもたちが遊びのイメージを作り、イメージを共有して遊びが発展するように子どもに働きかけていると考えられる。

次に、本学のかつての「実習の手引き」に参考事例として載っている実習の記録を記してみたい。

■事例2　「福島大学附属幼稚園実習の手引き」参考事例から

［援助を必要とする場面］

砂場でコーヒーづくりなどをして遊んでいた幼児たちが「先生、コーヒー」と言って、次々と持ってくる。しかし、遊びは停滞ぎみである。

（意　図）

遊びに変化を与えるようにしたい。

［実習生の働きかけ］

S子がコーヒーを持ってきて「先生、コーヒー」と差し出したので、そのカップを受け取りながら、「先生、コーヒーを飲むとき、ミルクとお砂糖を入れるんだけど」と言う。

［幼児の反応］

「はい」と言って、すぐミルクとお砂糖を入れるしぐさをする。

（考　察）

幼児は一般的にめんどくさがりやなので、しぐさで間に合わせて、それですまそうとしているが、そこでは、このしぐさを受け入れ、次に、具体的に示す必要があるようだ。

［実習生の働きかけ］

飲むしぐさをして「ああ、おいしかった」と受け止めた後で、「Sちゃん、ミルクやお砂糖は小さな入れ物に別々に入っているんだよ、こんどコーヒー持ってくるときはいっしょにもってきてね」と言う。

その後、保育室から、ミルクや砂糖の入れ物になる空容器を砂場に持って行ってやる。

「遊びが停滞ぎみ」、「遊びに変化を与えるようにしたい」という記述や、先の実習録の例からもわかるように、子どもの遊びに刺激を与え、遊びを発展させることが、「答える人」としての保育者の働きかけの意図となっていることがわかる。

では、このコーヒーの事例を、子どもの行動を「表現」としてみた場合どのように解釈できるであろうか？　まずは、津守が、食べることについて述べていることを紹介しよう。「子どもの差し出してくれたものを食べることは、子どもの関心や好意を受け取ることである。また、子どもからいうならば、差し出したものを食べてもらうことにより、相手に対する親しみの気持ちがわく。差し出したものを拒否されたときには、関係そのものが脅かされる。このことは、家庭の調理人の立場についても観察できることである。食べさせる―食べることは、人間同士のつながりをつけていくのに基本的な行為である。(5)」

つまり、上記の事例2で述べられている「実習生の働きかけ」は、遊びの発展という点から考えれば望ましいものであるかもしれないが、子どもの気持ちにどう答えるかという観点からすると、自分の興味や関心を拒否されたことになるのかもしれない。ただし、ここで注意しなければならないのは、子どもとのこれまでの関係がどうであるかということだ。目の前の子どもと十分に「食べさせる―食べる」関係をした後でのことであれば、拒否されたことを子どもがどう受け止め乗り越えるかで、そこに「学びの物語」が生まれるかもしれない。ただし、どう乗り越えるかが学びの問題とされるとき、保育者は「ミルクと砂糖」とは具体的に言わないだろう。

さて、実習録と実習の手引きから、この二つの例をだしたのは、これまでは子どもの行動を遊びを発展させる手がかりとしてとらえ、それを有効に使い遊びを発展させることが保育者のやるべき重要なこととされていたことを一つの形として提示したかったからである。そして、遊びの中の子どもの行動から、一人ひとりの興味や関心、心の動きを読みとり、それに「答える人」としての保育者は堂々と存在してはいなかったと、間接的にではあるが言いたかったからである。それは、序章（一六頁）にある「今までは『お店屋さんごっこ』とか『宇宙船ごっこ』などという遊びとしてわかりやすいものをどう援助すべきかと保育してきたが、最近では『おっぱいグッパイ星人のたまご探し』などというじつにおかしな遊びでも笑って子どもの楽しんでいる姿から学びを見つけられるようになってきた。どんな遊びでも意味があって、子どもが興味をもってやっていけると今は思えるようになった」と述べてあることからもみえてくる。

ここでこの項をなぜ、「子どもの行動を『表現』としてみる前に」としたかを述べたいと思う。以前、子どもたちが遊んでいるときに、保育者が突然話しかけると子どもが「ビクッ」としていたのを見たことがある。遊びに集中していたからいきなりのことで驚いたのかもしれないとは思った。その一方で、子どもは「また何か言われる」と思う気持ちもあって、ビクッとしたのかもしれないと思ってはいた。それは、子どもが遊んでいるときの保育者のかかわりが可視化された遊びの形に重心があるのではないかと考えていたからである。しかし、この「学びの物語」の取り組みをしてから、子どもたちのそうした緊張を感じなくなった。自分たちが試してみたいことを自分たちの手で試したり（事例5 年長き組「魚釣り」物語）、先生の助けや共感を得ながら取り組んだり（事例6 サオリちゃんの「くじらの心臓」物語、事例7 マサル君の「おかおはやわらかかったの」物語）、先生の評価よりも自分がしたいことができたことの満足感を表現する姿（事例3 年長き組「スーパーねずみ色だ！」）が、本書に紹介されている事例以外にも園でよく見られる。

たとえば、これらの事例以外にも、き組が世話をしているウズラが、あるアクシデントで死んだときに私がたまたま居合わせたことがあった。子どもたちはまだウズラは死んでいないと信じ、手当をしてくれる養護のリエ先生が来るのを話しながら待っていた。

まずは、「誰がやったのか」という話になったものの、「わざとじゃないからしょうがない」という話になり、その後、そこにいた子どもたちは自分の当番活動を始め、動物に興味のあるショウ、ヨシヒロ、タカシと私だけの会話となった。

「血がでているか」「でてる！」「あ、あそこに血がついてる！」と三人と私は少し興奮しながら、ウズラを檻の外から見ていた。

ヨシヒロ「ボクのおじいちゃんは動物のお医者さん」

私「じゃあ、ヨシヒロ君も動物のお医者さんになるの？」

ヨシヒロ「ムリムリ。ボク、血が苦手」

タカシ「ボクは、水族館の飼育係になるんだ」

と、そこからは新聞に連載されている魚や水族館の話になっていった。

このとき、ヨシヒロが「ムリムリ。ボク、血が苦手」と言ったのが、私にとってはとても興味深いことだった。というのも、自分の弱みを人に言えるくらいに人を信用して話をするのかと驚いたのと、弱みを言えるくらいに強くなったのだと思えたからだ。四歳の時には、弱いゆえに強がっている姿が印象的だったヨシヒロが、自分の弱いところを話すということに驚いたのだった。

「学びの物語」の取り組みをするようになり、私も附属幼稚園に行き子どものことについて話をする頻度がそれまでより多くなり、子どものことを身近に感じるようになっていた。また、子どもにも少しは馴染みになっていたので、子どものほうから話をするようになったことも関係しているだろう。しかし、それまであまり話をしたことがなかったタカシやヨシヒロが自分のことを話したのには、ウズラの死というショッキングな出来事をともに目にした間柄ということもあるかもしれないが、生活の中で、自分の気持ちを表現することに抵抗のない経験を積み重ねてきたからだろうと思えた。そして、自分の弱点を言ったからといって、自分の存在まで危ぶまれるおそれのない経験をしてきたからこそだろうと思われた。それは、「学びの物語」の中で繰り返し言われている、「肯定的にみる」ということの積み重ねの結果であるように思われる。それが、自ら表現することに抵抗のない、さらに言うなら表現したい気持ちをもった子ども――これが「学びの物語」の「コミュニケーション」につながるのだろう――に育ったということではないだろうか。

こうした経験の中で子どもが「表現」したくなる気持ちが生まれ、また保育者も指示する人ではなく「答える人」となっている。その結果、子どもが保育者の前で緊張せずにものごとに取り組み、そこに「学びの物語」がつむぎだされている。ここでひとつ気をつけたいのは、子どもを「肯定的に見ること」で保育者が無理をして、偽善的になってしまっては、その偽善や欺瞞《ぎまん》が保育者の「表現」として子どもに伝わることになるだろうということだ。そうすると、また子どもも同様の表現をすることになるのは想像に難くない。

ここで述べたいのは、おそらくこの取り組みを開始したことで保育者の子どもにむけるまなざしが変わり、子どもの「表現」に対してまずは「受け手」となっていること。その結果、大人に対して自分を「表現」するのに抵抗のない子どもがふえたのではないかということである。この子たちは、「大人」とは自分にあれしろこれしろ、あれはダメ、これもダメと指示、評価する人だとは、少なくとも保育者に対しては思っていないだろう。そして、自分を受け入れ、受けとめてくれる人だと全幅の信頼をよせているようにみえる。この点においては、「この取り組みで子どもは変わったのか?」という問いに対して、イエス(yes)と胸を張って言える。

最近、附属の先生たちの保育の様子を聞くとき、いっしょに笑うことがたびたびある。とくに印象深いのは、先生が子どものやったことに我慢ならなくなって「家出」をし、隣のクラスに行ってお昼ご飯を食べることがあったこと。受け入れた側の先生も、出て行かれたクラスの子どもたちがどうしようかと言ってきたときに、ちょっと脅して「困難」な状況を作ってみたとのこと。また別のときには、「大事にしない物はいらないだろうから、小さい組さんにあげちゃおうかな」と言って、子どもたちの中に遊びたいけど片付けたくない、でも小さい組にあげるのは嫌だという「葛藤」や「困難」な状態を作ることである。体当たりの先生たちのメッセージに、子どもたちは何でこうなったのか、今何をすべきかを必死で考えるのが目に見えるようである。そして、さまざまな「困難」を乗り越えた子どもたちは、優しく強くなっていっている。子ども同士の問題も、頭をつきあわせて考え、大人が考えもつかない解決法を見つけ出したりする。こういうところも、子どもが変わったといえるのだと思う。

それだけ書くと、完全無欠な子どもたちのようであるが、（先生たちのため息が時折聞こえてくるように）そうでないところがまたいとおしい。と思えるようになった私も、保育を見る目が変わったのではないかとひとりよがりに思っている。

〔注〕

（1）津守真『保育の体験と思索』大日本図書　一九八〇年

（2）津守真『保育者の地平』ミネルヴァ書房　一九九七年

（3）津守真『保育の体験と思索』六頁

（4）金澤妙子「自主シンポジウム６　保育の場における発達援助の専門性を考える」日本保育学会大会研究論文集　一九九七年』七〇頁

（5）津守真『保育の体験と思索』一九頁

終わりに

副園長　齋藤　和代

つい先日、あるクラスの保護者の方が、担任に次のような保育参観の記録を提出して下さいました。

先日、先生と色々お話しできて良かったです。そして今日の（懇談会の）お話とあわせて、ハッとしました。今まで私は、自分の理想の子どもに近づけようとしていたこと、それも自分のペースで……、ということに気づいたからです。私自身がまわりからの評価を気にしてそれを子どもに押しつけ、あの子の気持ちを理解して寄り添うことができていなかったのだと思い知らされました。物理的に「早く早く」は、もちろんのこと、心の成長に対しても私は「早く早く」結果（自分で満足できる）を求めすぎていた気がします。五歳まで気づいてあげられなくてごめんねと言いたいです。そしてこれからは、ゆっくりでいいので彼のペースに合わせて私も母として成長していけるように、親子でいっしょに進んでいけたらと思います。まだまだ越えるべき山はたくさんありますが、これからもよろしくお願いいたします。

学びの物語を綴っていくと、子どもたちの成長のすばらしさも感じますが、保護者の親としての変容をしている姿も目の当たりにし、感動することがあります。保育者も保護者も、今目の前にいる子どもが、自分の力で力強く豊かな人生を切り開いていってほしいと願わずにはいられません。そのためにはどんな見取りをし、どんな援助をしていけばいいのか……。日々考える毎日です。

「学びの連続性について」研究する中、「学びの物語」に出会い、三年間にわたって実践・記録した中で学んだことをこのような本にまとめる機会を得ることができました。職員一同あらためてわが愛すべき個性あふれる子どもたちに感謝しています。

また、最後にはなりますが、研究を進めるに当たっていろいろご指導いただきました福島大学の大宮先生、白石先生、原野先生、ともに子どもの成長を見守った保護者の皆様に、研究同人を代表して心より感謝申し上げます。

研究同人

園　長　深倉　和明　副園長　齋藤　和代　教　諭　星　俊子
教　諭　遊佐　早苗　教　諭　佐藤　久美子　養護教諭　富岡　美穂
短時間勤務講師　高島　真弓　短時間勤務講師　福地　加世子
主　事　渡辺　文江

執筆者の紹介（所属・執筆分担、執筆順）

齋藤　和代　福島大学附属幼稚園副園長　序・3章
（現・郡山市立御代田小学校校長）

星　俊子　福島大学附属幼稚園教諭　1～4章

遊佐　早苗　福島大学附属幼稚園教諭　序～4章

佐藤久美子　福島大学附属幼稚園教諭　1～4章

大宮　勇雄　福島大学人文社会学群人間発達文化学類教授　2・4章
主な著書　『保育の質を高める』（ひとなる書房）
『学びの物語の保育実践』（同上）など

白石　昌子　福島大学人文社会学群人間発達文化学類教授　5章
主な著書　『共通教材料理法』（共著・音楽之友社）
『青井みかんと一緒に考える幼児の音楽表現』（共著・大学図書出版）など

原野　明子　福島大学人文社会学群人間発達文化学類准教授　5章
主な著書　『子どもの発達を知る心理学』（共著・北大路書房）など

福島大学附属幼稚園
昭和41年4月、福島大学教育学部附属幼稚園として創設。昭和59年、現在地に新園舎落成し移転、平成17年福島大学附属幼稚園となり現在に至る。「遊びを中心とした幼稚園生活」を主題に、子どもたち自身が持っている可能性を豊かに伸ばす教育をめざす。
所在地　〒960-8107　福島市浜田町12番39号

子どもの心が見えてきた――学びの物語で保育は変わる

2011年3月31日　初版発行
2012年8月25日　2刷発行

著　者　福島大学附属幼稚園
大宮勇雄・白石昌子
原野明子
発行者　名古屋　研　一
発行所　㈱ひとなる書房
東京都文京区本郷2－17－13
電　話03（3811）1372
FAX03（3811）1383
E-mail：hitonaru@alles.or.jp

印刷／モリモト印刷株式会社
＊落丁本・乱丁本はお取り替えいたします。　＊定価はカバーに表示してあります
ISBN978－4－89464－158－7　C3037